故宫里的大日子

左远波 主编

王莹 改编

吉林出版集团股份有限公司
全国百佳图书出版单位

故宫里的故事

图书在版编目（CIP）数据

故宫里的大日子 / 王莹改编 . -- 长春：吉林出版
集团股份有限公司，2023.2
（大故宫里的小故事 / 左远波主编）
ISBN 978-7-5731-2442-5

Ⅰ．①故… Ⅱ．①王… Ⅲ．①故宫—少儿读物 Ⅳ.
① K928.74-49

中国国家版本馆 CIP 数据核字（2023）第 019386 号

★ 本系列图书由阎崇年先生授权改编自《大故宫》（长江文艺出版社）；
书中照片除特殊注明外，均由作者提供。

大故宫里的小故事
GUGONG LI DE DA RIZI

故宫里的大日子

主　　编：左远波		责任编辑：孙　瑶　金佳音	
改　　编：王　莹		封面设计：有乐儿	
出版策划：齐　郁		版式设计：云尚图文	
项目统筹：郝秋月		插　　画：TUGEN	
选题策划：金佳音		插画助理：哈哈小子	

出　　版：吉林出版集团股份有限公司
　　　　　（长春市福祉大路 5788 号，邮政编码：130118）
发　　行：吉林出版集团译文图书经营有限公司
　　　　　（http://shop34896900.taobao.com）
电　　话：总编办 0431-81629909 营销部 0431-81629880/81629881
印　　刷：天津融正印刷有限公司

开　　本：710mm×1000mm　1/16
印　　张：7
字　　数：80 千字
版　　次：2023 年 2 月第 1 版
印　　次：2023 年 2 月第 1 次印刷
书　　号：ISBN 978-7-5731-2442-5
定　　价：55.00 元

印装错误请与承印厂联系　电话：13910128107

年年

一个对故宫的故事非常感兴趣的小男生，只可惜总是跟不上小米粒和阎爷爷轻快的步伐。

小米粒

一个小小的"历史迷"。她最爱与"故宫万事通"阎爷爷和可爱的小伙伴年年一起逛故宫。

阎爷爷

一位德高望重的明清史专家，他熟悉故宫的每一个角落。

◎ 皇帝招人啦！

进紫禁城当工匠 57

皇帝招御医啦！ 58

科举考试，选拔人才 63

　　　　　　 65

◎ 宫里过节啦！

一年之计在于春

端午，皇帝一家怎么过？ 67

七夕节，乞巧节 68

中秋节， 72

造一个超级大月饼 79

重阳节， 83

敬老、赏菊、登高 87

九九消寒、 88

腊八节，喝粥与观冰嬉 90

◎ 紫禁城里过大年

皇帝写『福』字 91

过小年，祭灶神 92

独特的皇家团圆饭 94

放爆竹、守岁、吃饺子 99

皇帝的元旦心愿 101

　　　　　　 103

目录

◎ 皇帝登基啦！

宫里最重要的庆典　1

两次登基的皇帝　2

罕见的内禅　7

登基前后相差悬殊的皇帝　9

10

◎ 皇帝结婚啦！

皇帝大婚问答题　11

光绪皇帝大婚『现场报道』　12

14

◎ 皇家过生日啦！

热闹的『万寿节』　21

贵重又新颖的生日礼物　23

戏班子，热热闹闹唱起来　25

普天同庆的生日　31

同是生日，大不相同　32

皇太后的生日更隆重　37

皇宫珍宝花名册　41

47

◎ 皇家祭祀啦！

九坛八庙　49

最为隆重的祭天典礼　50

皇后采桑喂蚕宝宝　52

当皇帝，也要反省自己　54

56

在我们的想象中，紫禁城里规矩多，生活起居可能也得小心翼翼，实际上，宫里的热闹事儿可多了。

按时节，有新年、上元、重阳、七夕、立春等；按皇家自身的情况，有登基大典、皇帝大婚、皇家立储、帝后寿辰、皇帝亲征等。所以，一年到头，总有许多宴席可以吃，也总有许多故事可以讲。

皇帝登基啦！

在古代，成为皇帝可是件天大的事儿。我想，皇帝要让大家承认自己的地位，肯定要经过一番折腾才行吧！

在紫禁城，皇帝登基可要算最"大"的"大日子"咯！皇帝登基大典，是新皇帝向全天下宣布身份的一种仪式，也是紫禁城最重要的仪式，五百多年里只举办了二十多次。

宫里最重要的庆典

　　紫禁城里最重要的庆典活动，莫过于皇帝的登基大典了。它标志着皇权的新老交替和一个新纪元的开始，因此也被视为最高规格的国家典礼。

　　在古代，老皇帝病危时，他的继任人选和亲信大臣一般都会守候在身边。老皇帝去世后，大臣们便立刻承认新皇帝，其实这已经算是新皇帝即位了。不过，在举行正式仪式之前，新皇帝虽然被尊称为"皇上"，但这个称号还是多少有些"名不正言不顺"的。只有通过登基典礼昭告天下，他才真正成为名副其实的一朝天子。

　　明清两朝的开国皇帝都没有在紫禁城举行登基大典。因为明太祖朱元璋在南京登基时，北京的紫禁城还没有营建；而清朝第一位入主紫禁城的顺治帝，又不是清代的开国之君。在这里举行登基典礼的皇帝，都是在先皇国丧期间即位的。"国不可一日无君"，他们一般都会尽快举行登基典礼。

　　新皇登基，号称"承天命、继祖业"。所以在各项烦琐的礼仪中，首先是前往天坛、地坛、太庙、社稷坛举行隆重的祭祀活动，告知天地、祖先，然后才在紫禁城太和殿举行盛大的登基典礼。

登基大典前的准备

你好！

我是明朝负责筹备皇帝登基大典的一名官员。最近，我每天都要忙到后半夜才休息，生怕出一点儿岔子。

在我生活的时代，皇帝的登基仪式要算天底下顶顶重要的事情。所以，按照一整套非常烦琐的礼制，好几个部门各司其职，共同尽力把这项典礼办得顺当完美：钦天监负责观察近期的天象，及时向皇帝汇报"天意"；司设监负责把皇帝的御座安放在奉天门；尚宝司负责安排其他物品的摆放，案子、云盘、水果、酒、香炉的摆放位置都很有讲究，一点儿都不能马虎。其间，文武百官还会在指定地点彩排几次，免得在正式的典礼上犯迷糊。

举行典礼的前一天晚上，锦衣卫要严守宫城各门及要道，还在御道两旁陈设皇帝的车马和仪仗，富丽堂皇，一直延至宫门外。官员们要仔细检查盛放皇帝玉玺的匣子是否妥当，宫女们和太监们则忙忙碌碌地检查着皇帝登基时的服装……

明清两代，登基大典的日期都是钦天监（掌管天文、历法的机构）选定的"良辰吉日"。

这天清早，相关部门的官员将放置皇帝宝玺的宝案陈放在太和殿宝座前方正中。太和殿东西两间，放置皇帝诏书、群臣所进表文（对新皇的赞贺之词）和笔墨纸砚等。太和殿前丹陛正中设一黄案，供典礼中颁布诏书；大殿东西廊下，陈设编钟、编磬等数十种宫廷乐器。从太和殿前直至天安门外的御道两旁是庞大的宫廷仪仗和乐队，气氛庄严而神圣。

这时，大臣们早已毕恭毕敬地在天安门前等待了。鸿胪寺（掌管朝会等事务的机构）官员首先引导在大典中执行任务的人员，过金水桥，进天安门、

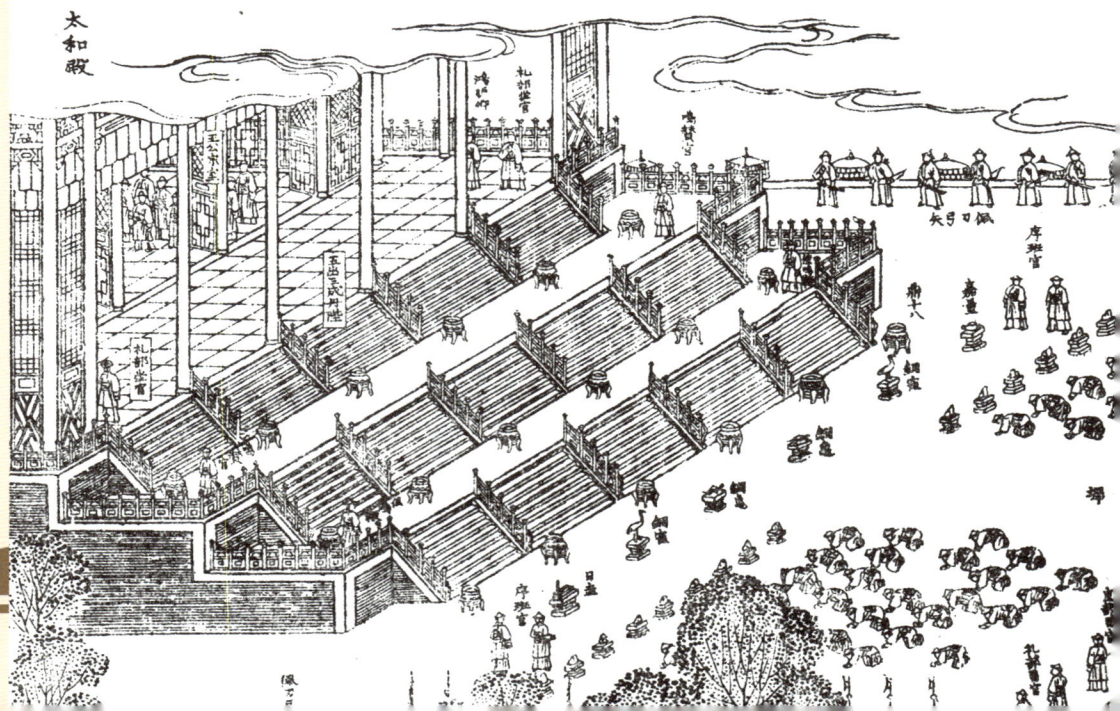

端门和紫禁城午门。这些人统称执事，共有八九百人之多。接着，众大臣也鱼贯而入，按"文东武西"的位置跪在紫禁城御道两侧，等待皇帝升殿。

"吉时"一到，皇帝换上华丽的衮袍（上面绣着日月山川、星辰和龙的图案），在侍卫等人的陪伴下到太和殿落座。文武百官再按官职高低，依次进殿，对他行跪拜之礼。

百官行过礼后，又依次回到天安门前，面北而立，等候颁布诏书。颁诏仪式开始，加盖宝印的诏书放置在华美的龙亭中，从太和殿抬送到天安门城楼上。然后，宣诏官高声宣读诏书："奉天承运皇帝诏曰……"文武官员跪而恭听。

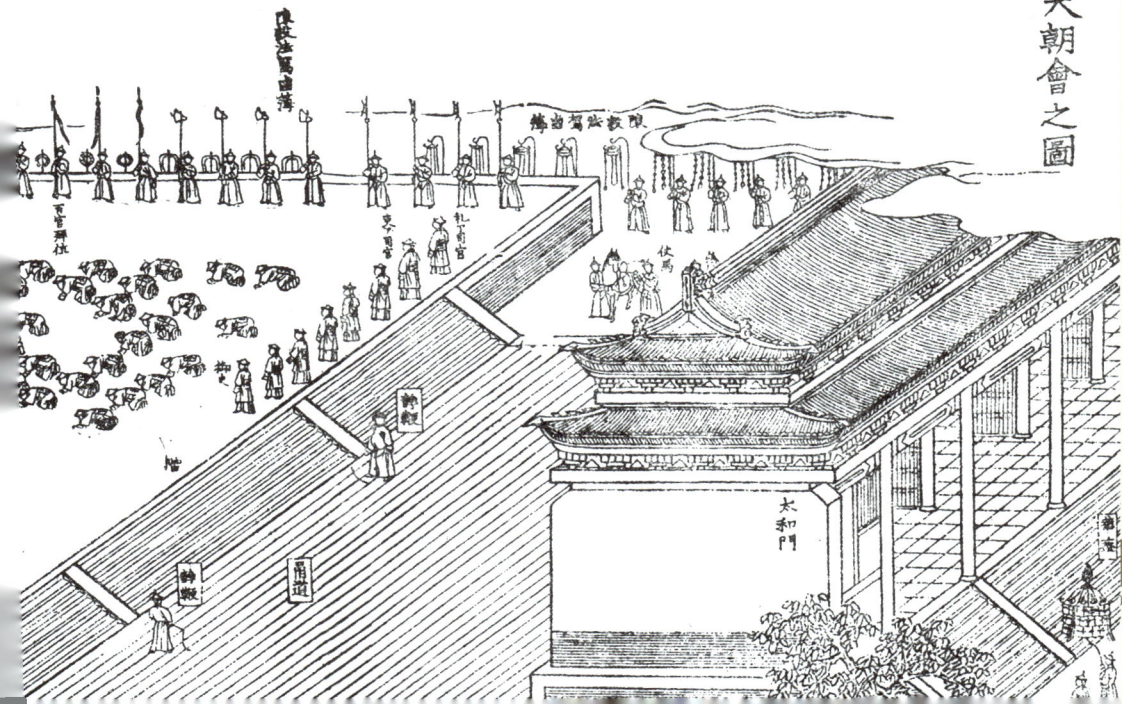

云盘接诏

诏书宣读完毕，奉诏官把它卷起来，衔放在一只木雕"金凤"嘴里。然后，他走到城楼正中的垛口处，用黄绒绳悬吊金凤，从城楼上徐徐降下，以示天子之命由金凤凰带到人间。这时，礼部官员托着一个雕成云朵形状的木盘，在下面跪接，金凤嘴里的诏书正好落在"云盘"中。这种仪式称为"金凤颁诏"，也叫"云盘接诏"。

接诏后，诏书仍放回龙亭内，由黄盖（黄色伞盖）仪仗、鼓乐为前导，浩浩荡荡地送往礼部衙门。礼部尚书率众官吏跪迎，安放在大堂内。随后，用黄纸誊写若干份，颁告天下。

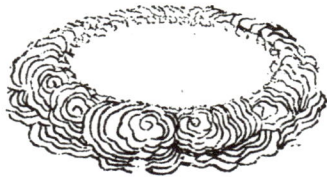

一份诏书，也要弄出这么多花样，我想，这应该是为了突显皇帝"真龙天子"的身份吧！

正大光明

两次登基的皇帝

　　紫禁城里两次登基的皇帝，最有名的要数明英宗朱祁镇。他很小的时候就当上了皇帝，后来由于宠信宦官，误把奸臣当忠臣，冒失地御驾亲征，结果在土木堡（今河北省怀来县境内）被蒙古瓦剌部落俘虏。明英宗被瓦剌囚禁了八年，在这期间，明朝的大臣们早已拥立了新皇帝。瓦剌人手里握着这位前皇帝，已经没有什么用处，最后只好把他送了回来。

　　明英宗好容易回了家，却被新皇帝关在了一座偏僻的宫殿里软禁了起来。后来，新皇帝染上了重病，卧床不起，拥戴英宗的大臣又帮他夺回了皇位。就这样，他成了紫禁城里两次登基的皇帝。

　　皇帝登基的时候，乐师会演奏音乐吗？

　　A. 会　　　B. 不会

答案：B．不会。新皇帝登基是大喜事，本该演奏音乐，可当时没有音乐，因为这时老皇帝刚刚去世，按礼数不能演奏音乐。

紫禁城登基年龄最小的皇帝

刚刚说过的明英宗，9岁就当上了皇帝。好在有太皇太后张氏以及英国公张辅、大学士"三杨"（杨士奇、杨荣、杨溥）等人辅政。不过这个"最早登基"的记录，后来在清朝却接连被刷新。清朝的宣统皇帝——"末代皇帝"溥仪，登基的时候只有3岁。

最快结束的登基仪式

明崇祯十七年（1644年），李自成领导的农民起义军攻入北京，崇祯皇帝在景山自缢而亡，存在276年的明朝政权被推翻。

然而不久，明朝的山海关总兵引清军入关，起义军在山海关一片石战役中落败。仓皇逃回北京的李自成在紫禁城武英殿举行了登基典礼，封妻子高氏为皇后，派丞相牛金星到天坛祭天。第二天一大早，他就匆忙逃离北京，他建立的"大顺"政权仅仅存在了42天。

扫码领取
★故宫奇妙之旅
★神奇的脊兽
★云游博物馆
★国宝档案册

罕见的"内禅"

在一般情况下，只有等到老皇帝死后，新皇帝才能继位。如果老皇帝活着的时候，主动将皇位传给新君，便是"内禅"。历史上内禅的例子并不多见，其中清朝乾隆皇帝的故事最为特别。

乾隆六十年（1795 年），乾隆皇帝已经 85 岁高龄了。他将所有皇子皇孙、王公大臣都召集到圆明园勤政殿，取出密旨，宣布时年 35 岁的嘉亲王永琰为嗣皇帝，第二年改为嘉庆元年。于是，嘉庆元年（1796 年）正月初一，在太和殿举行了紫禁城里唯一一次内禅大礼。

乾隆帝朝服像

登基前后相差悬殊的皇帝

有这么一位皇帝，继位前曾表现得英勇果敢，可是当了皇帝之后，却变得优柔寡断，以致做出丧权辱国的决策——他就是道光皇帝旻宁。

当年，还是皇子的旻宁随嘉庆帝去木兰围场巡狩，因为雨下个不停，大家无法狩猎，旻宁奉命先行回师京城。没想到就在这期间，起义的天理教徒竟然攻入了紫禁城。在这个危急关头，32 岁的旻宁挺身而出，他临危不乱，指挥有序，很快就将起义者镇压下去了。这个事件发生之后，所有人都对他刮目相看。

后来，旻宁当了皇帝，可他在位期间，非但没有让清朝追赶上世界发展的步伐，还使清朝在鸦片战争中失利，被迫签订了丧权辱国的《南京条约》，掀开了近代百年屈辱史的序幕。所以有人说，他登基前是"猛虎"，登基后就变成了"老鼠"。

皇帝结婚啦！

皇帝的婚礼一定超级盛大，所以才被叫作"大婚"！

可现在好多人也把自己的婚礼称为"大婚"呢！

在古代，只有皇帝的婚礼才能叫"大婚"，而且仅限于皇帝迎娶第一位皇后的婚礼，因此，这个典礼确实超级隆重而盛大。

皇帝大婚问答题

请先回答三个问题吧！

问题1：皇帝年龄多大才能结婚？

问题2：每位皇帝都举行过大婚仪式吗？

问题3：皇帝会选择哪座宫殿当洞房呢？

这些问题，我好像一个都答不上来……

回答1：未成年就结婚

在紫禁城中，皇帝的结婚年龄一般不超过18岁，清代还要更早一些，顺治皇帝和康熙皇帝都是14岁就大婚了，光绪皇帝19岁大婚。即便是19岁，在现在看来也还是个孩子，可是作为皇帝，在这个年纪，不仅要能照顾自己的家，还得能照顾整个国家才行。

回答2：并不是所有皇帝都经历过大婚

在明清两代，只有天子结婚才可以称"大婚"，其他人——不管是亲王还是郡王都不能这么叫。而且皇帝必须登了基才能在紫禁城中举行大婚仪式。如果他登基之前已经结婚了，那么在登基之后，最多只会象征性地补行一个仪式而已，不能叫作大婚。

按照这个标准来看，举行过大婚的天子，简直屈指可数。在北京的十四位明朝皇帝，算来算去，只有两位皇帝在紫禁城举行过大婚典礼——一位是明英宗，他9岁继承皇位，另一位是明朝万历皇帝，他10岁继承皇位。

清朝呢，只有顺治、康熙、同治和光绪四位皇帝是登基之后才结婚的。至于"末代皇帝"溥仪，他虽然3岁就继位了，可他结婚的时候已经退位了，所以他和"皇后"婉容的婚礼只能算是平民的婚礼，从礼制上说，不能称作"大婚"。

回答3：洞房选在坤宁宫

坤宁宫是皇后的正宫，虽然在清代，皇后并不总住在这里，但它的地位一直没有变，所以，明清两代皇帝大婚的洞房都选在坤宁宫。不过顺治皇帝是个例外，他在位期间，坤宁宫还在整修，所以他一直居住在保和殿，大婚也以那里为洞房。

光绪皇帝大婚"现场报道"

皇帝大婚，礼仪程序相当复杂，包括三个阶段和若干环节：婚前礼——纳彩、大征，婚成礼——册立、奉迎、合卺、祭神，婚后礼——谒庙、朝见、庆贺、颁诏、筵宴。光绪大婚典礼前后持续一百多天，皇后叶赫那拉氏是慈禧太后的亲侄女，比皇帝大三岁，这桩婚姻显然是慈禧包办的。光绪皇帝的大婚典礼是在紫禁城中举办的、记录较为详细的大婚典礼之一，所以我们就从中了解一下清代皇帝的大婚典礼吧！

皇帝下聘礼

"纳彩礼"与"大征礼"，是皇帝大婚前的两大仪式。纳彩是中国古老的婚俗，在民间是男方派媒人到女家提亲；大征即民间的"纳征"，是男方到女家送聘礼。清朝的皇后一般是通过"选秀女"的方式确定的，并不存在民间那样的订婚仪式，但皇家为了遵循古礼，也在大婚中保留了这些礼仪程序。当然，皇帝送彩礼的过程更为隆重，礼物也比民间丰厚多了，有黄金二百两、白银一万两、金茶筒一具、马六十四……

不过，光绪皇帝的运气实在不太好，本来婚期已定，就等举行大婚了，没想到太和门却突然失火，烧得一片狼藉，只好找来扎彩工匠，为大婚典礼临时搭建起一座假的太和门。

皇后过嫁妆

在传统婚俗中，男方要下聘礼，女方则要过嫁妆，皇帝大婚也不例外。不过皇后的嫁妆称作"妆奁（lián）"，并非像民间那样由女方家里准备，而是全部由皇宫内务府采办。到了大婚的前两天再走个过场，从皇后府邸抬送到宫中。

皇帝不亲迎

光绪十五年正月二十六日清早，光绪皇帝在太和殿举行册立礼，正式宣布叶赫那拉氏为皇后，并派专使将象征皇后名分的金宝、金册护送到她的府邸。随后，正式举行奉迎礼，相当于民间的"亲迎礼"，不同的是皇帝身份尊贵，不会亲自上门去接新娘，而是由使者"奉命迎接"皇后。

半夜接皇后

奉迎皇后的时间，清宫档案中的记载是正月二十七日。实际上，前一天晚上紫禁城里的人和皇后家里的人都彻夜未眠。子初三刻十分（23点55分），皇后乘凤舆从家里出发，她身穿红色的"龙凤同合袍"（图案一边是龙，一边是凤），头搭红盖头，手握苹果和双喜金如意，寓意"平安如意"。由于正当深夜，沿途悬挂很多灯笼，随行者有的也手执宫灯。奉迎队伍浩浩荡荡，进大清门、天安门、端门、午门、太和门和乾清门各中门，于寅正三刻五分（凌晨3点50分）抵达乾清宫。此时，光绪皇帝早已身穿龙袍在那里等候。

民间都是白天举行亲迎礼，明代皇帝奉迎皇后也是在早晨。为什么清朝偏偏选择在深夜呢？原来，古代婚礼又称"昏礼"，那时迎娶新娘多在黄昏时刻。清朝皇帝半夜迎亲，其实是为了遵循古制。

《光绪大婚图》中奉迎皇后的队伍

帝后入洞房

凤舆到达乾清宫后，有命妇（有封号的妇女，俗称"诰命妇人"）过来掀开轿帘，扶皇后下轿。随后，又扶着她迈过一个火盆，寓意婚后生活"红红火火"。到了坤宁宫，门口还放着两具马鞍，鞍下再放两个苹果，寓意"平平安安"。皇后跨过马鞍，就进入洞房了。

在洞房里，皇帝、皇后先要行"坐帐礼"。他们一起坐在龙凤喜床上，面朝正南，因为那里是传说中主管人间婚姻的天喜星所在的方位。行完此礼，皇帝才给皇后揭去盖头，一起在喜床上吃饺子。这时的饺子称作"子孙饽饽"，是由皇后从娘家带来的，煮得半生不熟，寓意子孙兴旺。

也喝交杯酒

在今天的婚礼上，常常见到新人们喝交杯酒的场景。其实，这一习俗古已有之，被称为"合卺（jǐn）礼"，属于传统婚礼的重要环节。"卺"的原意是瓢，用一只匏（páo）瓜做成两个瓢，新娘、新郎各端一个饮酒，象征二人正式结为夫妻。后来，人们又设计出了一种连体式的酒杯，叫作"合卺杯"。

光绪帝后吃过子孙饽饽，有侍者搬来宴桌，二人相向而坐，行合卺礼。桌上还摆放金酒（黄酒）、银酒

（白酒）、金膳（黄碗盛黄米饭）、银膳（黄碗盛白米饭），以及各种肉类，称合卺宴。然后，帝后还要一起吃长寿面，这时已经接近天亮了。

大婚近尾声

合卺礼结束后，接下来又举行一系列的婚后礼。如拜谒供奉已故列位帝后神像的寿皇殿、朝见皇太后、王公大臣进宫庆贺，并在天安门举行隆重的颁诏典礼，将帝后大婚的喜讯昭告天下。

二月十五日，光绪皇帝在太和殿举行筵宴，招待皇后家族的男性成员和朝中王公大臣，皇后则出面宴请娘家的女性成员。长达百日的大婚典礼，至此落下帷幕。

皇帝大婚与民间不同，皇后在婚后没有回门礼，以后再回娘家的机会也十分有限。那么，她想念父母怎么办呢？为此，清朝设立了一个比较人性化的"会亲制度"，皇后或皇妃的父母可以在一定期限进宫看望女儿，还在紫禁城里设有专门的省亲客房。

扫码领取
★故宫奇妙之旅
★神奇的脊兽
★云游博物馆
★国宝档案册

珍贵的瓷器

清代同治皇帝的大婚典礼，也是慈禧太后主持操办的。为了筹备大婚庆典还专门烧制了一批婚礼瓷器，它们以碗、盘、碟、杯、盒、盆、缸、匙等日用器皿为主，数量众多，种类齐全，釉色亮丽，图案纹饰寓意吉祥，主要突出大婚的喜庆主题。这批瓷器从设计到烧造，历时四年之久，彰显了皇家用瓷的富丽堂皇，被称为"中国官窑瓷器的最后辉煌"。

我注意到许多清代的皇家瓷器，都画有红色的蝙蝠。可是，蝙蝠总是藏在黑暗的地方，在这喜气洋洋的瓷器上，为什么要画这么多红色的蝙蝠呢？

你看得很仔细，这些蝙蝠的颜色很特别，都是红色的，"红蝠"和"洪福"同音，都寓意喜庆。

原来那些图案是蝙蝠啊，你可真细心，连这都注意到啦。

我是紫禁城里掌管账目的官员。从正月二十日到二月初九日，短短二十天，为了光绪皇帝大婚，光是账面上的开销，就已经有白银五百五十万两了，而实际上的开销比这个数字要多得多。这时候朝廷已经内忧外患，皇帝却为了大婚就花出去这么多银子，害得国库空虚，连一些京城官员的俸禄都要开不出了，真令人发愁！

皇家过生日啦！

大婚虽然热闹，不过，毕竟在紫禁城中并不常有。还有什么日子会让紫禁城上上下下热热闹闹地庆祝呢？

前两天我刚过完 9 岁生日，妈妈给我做了一桌好菜，还买了一个又漂亮又好吃的大蛋糕。古代的皇帝过生日会怎么庆祝呢？会吃长寿面吗？会为自己又长了一岁而感到高兴吗？

皇帝过生日，在紫禁城里可是个"大日子"，场面非常隆重。整个紫禁城的人都忙成一团，我们这就来看看皇帝是怎么过生日的吧！

热闹的"万寿节"

据史料记载，唐玄宗李隆基是第一个正儿八经过生日的皇帝。

开元十七年（729 年）八月初五日，唐玄宗为了庆祝自己的生日，在宫中的花萼楼设盛宴款待文武百官，还把自己培养的梨园子弟叫来，奏乐演戏。

宴会结束后，尚未尽兴的官员纷纷上表，希望将皇帝的生日定为"千秋节"，以后每到这一天，全国上下都休假三天。唐玄宗很高兴地批准了，"给皇帝过生日"的习俗也从此流传了下来。

到了宋徽宗时候，皇帝的生日改称"天宁节"。他不仅在紫宸殿接受群臣朝贺，还在殿的后阁宴请群臣作为回礼。

后来，皇帝的生日又改称"圣寿节""天寿节"，甚至还称为"圣诞节"。因为皇帝被称作"圣上"，他诞生的日子当然就是"圣诞日"啦！到了明朝，又取"万寿无疆"之意，改为"万寿圣节"，简称为"万寿节"，这种叫法一直沿用到清朝结束。

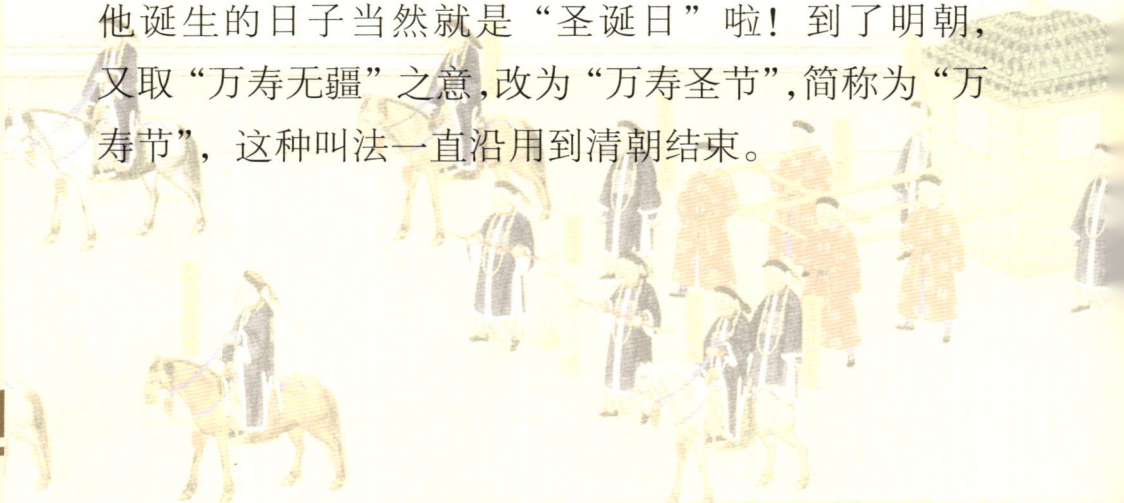

不爱过生日的明太祖

　　明朝开国皇帝朱元璋出身于贫苦农家，他的父母很早就去世了。父母死去的时候，连一口棺材都无力购买，还是别人帮忙草草安葬。

　　所以，朱元璋当了皇帝以后，每次过生日都"不胜悲悼"，也不愿意接受臣下朝贺。洪武五年的八月，他还专门下诏，凡遇"万寿圣节"，大臣们不准进表祝贺！后来，在大臣们三番五次的请求下，朱元璋虽然勉强答应接受朝贺，设筵宴款待群臣，但坚决不收贺礼。

清朝，万寿庆典热闹又奢侈

清朝沿用了"万寿节"这一名称，同时也将庆寿礼仪发展到极致。万寿节，与元旦（今春节）、冬至并称宫中三大节，它已不再是单纯的个人生日，而是成为普天同庆的重大节日。

万寿节这天，皇帝一般先在太和殿举行朝会，接受王公大臣和外国使臣的朝贺。然后移驾乾清宫，后妃和皇子皇孙们再对他行内朝贺礼。到了逢十整寿，庆典更为隆重，一般都要热热闹闹地欢庆多日，场面相当壮观。

王公大臣们的各种贵重、稀奇寿礼，从全国各地送进皇宫。送给皇帝的礼物可不能一般，必须非常精致、珍贵、奇特……为此，人们必须绞尽脑汁。

送皇帝什么礼物好呢？

贵重又新颖的生日礼物

皇帝坐拥天下，整个国家都是他的，这样的人似乎什么都不缺，所以给他送礼也就格外困难。不过，在故宫博物院收藏的清宫文物中，我们仍能发现不少珍贵而又有创意的寿礼。例如这座象牙镂雕群仙祝寿塔，由前面的牌坊、桥梁和后面的楼阁、宝塔两部分组成。群仙各持法器，或行或立；各种祥瑞神兽，间杂其中。无论材质、技法，还是内容、创意，都美轮美奂，别具匠心。它由广东牙雕作坊雕制，为了避免长途运输中损坏，分片包装运到北京后，再一一拼装完整。

祝寿塔

这么精巧复杂的工艺品，组装起来一定很困难吧！

据说，雕造塔楼的广东匠人特地制作了"组装说明书"，以便京城匠人对照组装。这么一说，是不是有点像我们今天的拼搭积木玩具呢？

给皇帝的寿礼都非常讲究，种类主要有如意、佛像、珍贵珠宝、珍稀字画，以及钟表、盆景、插屏等名贵的物件，材质上则金、银、玉、象牙、瓷器、珐琅、漆器、织绣等无所不包，从造型到纹饰都体现着祈福祝寿的主题。寿礼数量一般以九件为一组，有的甚至多达九九八十一件。

康熙皇帝六十大寿时，皇子皇孙们也纷纷敬献寿礼。如果你想知道得详细一点儿，不妨看看当时还是雍亲王的雍正皇帝向他进献礼物的清单吧！

松鹤图围屏

灵山庆会图（仇英画）

十洲仙侣图（唐寅画）

南极呈祥图（仇英画）

仙山珊彩石盆景

进桃献寿雕嵌东方朔

万寿香灵芝瑞鹤八仙山

九龙捧寿羊脂玉花篮

万寿什锦吉祥四时盆景

万寿鸾翎镂金点翠宫扇

万寿百禄仙芝天然盆景

万寿紫金葫芦献寿同山岳花

福禄寿三星仙山松竹盆景

天仙祝寿合景宋磁花篮

群仙庆寿山珐琅盆景

天然灵芝献寿仙桃盘

万寿珐琅四方平安花尊

万寿镏金镶嵌集锦宝鼎

万寿海屋添筹玻璃插屏

雍亲王进献寿礼清单：

"天下至尊" 万寿尊

故宫博物院收藏的康熙皇帝寿礼中，有一件青花万寿纹尊格外引人注目。看，这件将近一米高的大瓷瓶上，有好多的"寿"字，而且好像每个字的写法都不一样。我们来仔细数一数：瓶口上面2行，每行77字，计154字；瓶口外侧、底足各1行，每行48字，计96字；瓶身75行，每行130字，计9750字。加起来，一共10 000个"寿"字，就是"万寿"！而且，这也是当时官窑瓷器中最大的器物，象征康熙皇帝"天下至尊"。

青花万"寿"字大尊

如意，如人之意

　　说到一种叫"如意"的器物，今天的很多人可能感到有些陌生。但在清代，它却是皇帝和后妃们非常喜欢的把玩之物，寝宫内、宝座旁，随处都用如意装点。王公大臣进献寿礼也以如意为首，而且往往以九柄为一套，最多时达到九九八十一柄。

　　如意是由古代挠痒痒的工具演变而来的，头多做成灵芝形或云形，柄呈略微弯曲状。造型象征吉祥，名字"如人之意"。宫里的如意材质多样，金、银、铜、木、玉、玛瑙、水晶、珊瑚等无所不包，上面大都镶嵌珠宝。

　　乾隆皇帝六十寿辰时，王公大臣进献的一套"金累丝万年如意"，做工十分精湛、细腻。"金累丝"是一种传统的黄金制作工艺——将金丝捻成股、编成网，然后焊接在器胎上。这套如意共有六十柄，柄上都用绿松石镶嵌"万年如意"四字，如意头则分别镶嵌干支纪年"甲子""乙丑""癸亥"……代表皇帝的六十年。

金累丝万年如意

这件要送给皇帝的礼物中，藏了一个"寿"字，你能找到它吗？

戏班子，热热闹闹唱起来

宫里的一项重要娱乐活动就是看戏，每逢皇帝、皇后等人过生日，都会上演一些吉庆、长寿内容的连台大戏，像什么《九九大庆》《群仙祝寿》等等，仅听名字，就觉得好吉利呀！

故宫博物院珍藏的康熙帝《万寿庆典图》，规模庞大，分上下两卷，画面总长度近 80 米，是《清明上河图》的 15 倍；描绘人物 1.8 万多个，更将《清明上河图》的 800 多个人物远远甩在后面。这幅纪实性画卷真实再现了康熙皇帝六十大寿庆典盛况。

从画面上能看到许多座戏台，在热热闹闹地上演着大戏。除了戏曲表演外，还有武术、马戏等各种杂耍形式。万寿节那天，上到皇帝，下至平民百姓，都大饱眼福。

康熙帝万寿庆典图中的演戏场景

普天同庆的生日

当然啦，皇帝也会宴请群臣，称为"万寿筵宴"。寿宴格外丰盛，一般会有热菜二十品，冷菜二十品，汤菜四品，小菜四品，鲜果四品，蜜饯果二十八品，点心、糕、饼等面食二十九品，共计一百零九品。肉食以鸡、鸭、鹅、猪、鹿、羊、野鸡、野猪为主，辅以燕窝、香蕈、木耳、蘑菇等山珍。进膳后，还上奶茶。

不过，大臣们在宴会上吃得并不轻松，进酒时要行谢酒礼，进茶时要行谢茶礼，总之时刻不能忘

记感谢皇恩。一场寿宴，往往持续两个时辰，也就是四个小时之久。

皇帝万寿也是全国性的节日，这一天民间不能宰杀牲畜，平民百姓都要穿上颜色鲜艳的衣服。京城的主要街道和店面用彩画、布匹装饰一新，到处歌舞升平，一片祥和。京外的文武官员，则设置香案，向京城方向行大礼，遥祝皇上万寿无疆。在此期间，相关部门不受理刑事案件，也不斩杀罪犯。犯人的罪行如果不是特别严重，会得到减刑甚至特赦。

总之，一人寿诞，普天同庆。

康熙帝万寿庆典图（局部）

33

康熙皇帝的"千叟宴"

说到规模最大、参加人数最多的寿宴，那就非"千叟宴"莫属了。康熙五十二年（1713 年），也就是康熙皇帝六十寿辰的时候，有不少老人从全国各地专程赶到京城为他贺寿。康熙皇帝非常感动，于是下旨款待他们。他专门在畅春园举行筵宴，规定六十五岁以上的老人，不论官员、平民，均可参加。

那一天，北京城张灯结彩，喜气洋洋。每一座城门，每一处街铺，都贴着大红的"寿"字、"福"字。路边戏台上演着精彩的剧目。参加宴会的现任与退休大臣、八旗兵丁和普通老人，共计 2000 多人。康熙皇帝还让年少的皇子皇孙为老人们执杯敬酒、分发食物，搀扶八十岁以上的老人到皇帝面前饮酒。宴会结束后，又赏赐老人们布匹、衣服、寿杖和银两等。

康熙帝万寿庆典图（局部）

　　到了康熙六十一年（1722 年），康熙皇帝为了迎接自己的七十大寿，再次召集六十五岁以上的老人1020 人，在紫禁城乾清宫举办了第二次筵宴。席间，皇帝和大臣们纷纷作诗记录这一盛事，称为《千叟宴诗》，这种筵宴由此得名千叟宴。然而不幸的是，这次筵宴过后没多久，康熙皇帝就去世了。

　　后来，乾隆皇帝也效法其祖父，晚年时在宫里举办了两次千叟宴。最多的一次，有 3000 多位老人参加！

后来的皇帝，为什么不举办"千叟宴"了呢？

最大的问题，可能是没有钱了。

35

"抠门"皇帝不过生日

道光皇帝的运气实在不好，他执政的时候，清朝已经走下坡路了，军备废弛，国库空虚，财政窘困。面对严重的内忧外患，他能想到的办法就是节衣缩食。

他带头省吃俭用，甚至穿带补丁的衣服上朝，大臣们也纷纷效仿，穿起了带补丁的朝服；他觉得夏天吃西瓜贵，就下令"取消西瓜，只供应水"；他自己吃个鸡蛋都要算计，也要求后妃"非庆典不得食肉"。因此，道光年间宫廷中的庆典活动一下子少了很多。就连皇后的生日宴，吃的也只是一碗打卤面。

同是生日，大不相同

明清两代，皇后的生日叫"千秋节"。她们的生日礼仪要简单得多，范围也基本上限定在皇宫的内廷。

在明代，皇后一般于千秋节当日，在坤宁宫接受命妇们（有封号的妇女，多为官员的母亲、妻子等）朝贺，然后赐宴并象征性地赏赐一些银两。

到了清代，皇后要先到皇帝、太后宫中行礼，再到交泰殿举行庆贺礼。公主、王公夫人和命妇等均身穿朝服，向皇后行礼，并参加接下来的寿宴。这一天，宫外的王公百官一律身穿蟒袍，以示庆贺。清朝前期，大臣们还向皇后进贺笺，乾隆时皇帝谕令停止。不过，明清两代都没有几位皇后正式举办过像样的千秋节。一般情况下，她们只是在交泰殿接受皇子皇女、妃嫔们的祝贺，然后再举办一个小规模的内廷筵宴。至于妃嫔以下，生日礼仪更为简单，通常只有自己本宫的宫女、太监给她们行礼拜寿。

忙碌的千秋节

你好！我是清朝皇后身边的一名宫女。

皇后的生日，宫里叫"千秋节"。为了给皇后庆寿，我们提前好几天就忙着准备了。交泰殿外摆好了仪仗，看着就让人肃然起敬。那天一大早，皇后起了床，我们侍候她吃过一些点心，就帮着她梳妆打扮，还戴上了几件平时很少戴的贵重首饰。

那天来了好多人，有公主、王爷夫人、大臣夫人等等。她们给皇后行过大礼不久，寿宴就开始了。宴会上的菜品倒也没什么特别，与民间最大的不同，就是她们不是在一张大餐桌上用餐，而是每个人面前都摆放一张小桌。上菜的太监特别麻利，只是很少开口说话。

饭后，皇后还赏大家一起看戏，整整热闹了一天。

富察皇后：在皇帝出巡时过生日

作为皇后，有可能在皇宫外过千秋节吗？清朝还真有这么一位皇后，在随皇帝出巡的时候过了生日，她就是乾隆皇帝的孝贤皇后富察氏。

乾隆皇帝登基前就与富察氏成婚了，继位后将其册立为皇后。二人婚后感情深厚，富察氏以端庄大气、孝顺太后、宽容善良和生活节俭等优点赢得了皇帝的宠爱和敬重。不幸的是，她生下的两个皇子都接连夭折了。

乾隆十三年（1748年），乾隆皇帝与富察皇后陪同崇庆皇太后东巡。此行的目的是到山东曲阜祭奠孔子，一年前就已开始筹备了。就在出发前夕，皇后所生的第二个皇子突然夭折，这让她悲痛欲绝。可是出巡日期已定，轻易不能取消，于是东巡队伍便浩浩荡荡地从京城出发了。

二月二十二日，队伍到达一个叫河源屯的地方，距离曲阜只剩两天的路程。这天正是皇后三十七岁生日——千秋节，乾隆帝便下令就近驻扎，备办宴席。可是，喜庆没有冲淡皇后的丧子之痛，加上几天后又降了一场大雪，虚弱的皇后受了风寒。三月十一日，富察皇后于返京途中在德州的御船上病逝。

皇后的猝然离世让乾隆皇帝哀痛不已，连续九天都在她的灵前摆上三次祭品，还用皇后生前喜欢的"孝贤"二字作为她的谥号。在此后的几十年里，他一直让皇后生前居住的长春宫保持原样，里面供奉着她的衣物和画像，每到忌日都去祭祀。他共写了一百多首诗来怀念皇后，每一首都饱含深情。其中，在一首长篇《述悲赋》中有这样两句："悲莫悲兮生离别，失内位兮孰与随？"意思是说：悲伤莫过于此，这样生死别离；失去贤惠内助，谁能与我相伴！

"醒来泪雨犹沾枕，静觉悲风乍拂帷。"皇后呀皇后，朕好想念你呀！

40

皇太后的生日更隆重

同皇后"千秋"相比，皇太后的生日可要隆重多了。这不仅是出于皇帝对母亲的孝心，也体现了中华民族敬老、爱老的传统美德。

皇太后的生日在明朝称"圣节"，史书中的记载比较简单，说皇帝会率领大臣们进宫庆贺。清代改称"圣寿节"，寿庆礼仪也比较烦琐，皇帝要先派官员祭祀太庙后殿（供奉列祖列宗牌位），文武百官进表称贺。生日当天，皇帝率领王公大臣到皇太后宫中行庆贺礼，皇后、妃嫔、公主和皇子皇孙们也欢聚一堂，向皇太后行礼。

记载中最典型的，要数崇庆皇太后的寿典了。崇庆皇太后是乾隆的生母，也是一位罕见的福寿双全的太后。她"母仪天下"四十多年，不仅经历了清朝的全盛与繁荣，而且有个非常孝顺的皇帝儿子，还看到了自己的曾孙和玄孙。去世时，她已经八十六岁高龄了。

崇庆皇太后的生日，特别是六十、七十和八十大寿，办得一次比一次隆重。当时，从北京西郊的畅春园开始，一直到紫禁城外，沿途设立了数不清的景点，到处张灯结彩，搭台唱戏，非常热闹。

万佛楼的故事

　　在如今的北海公园内西北部的位置，曾矗立着一座三层高的殿堂，那是乾隆皇帝为崇庆皇太后八十圣寿建造的寿礼，里面供奉着数也数不清的金佛……或者说，虽然现在无法数清，但档案里明确记载是10 299尊，数量超过了10 000尊，所以叫"万佛楼"，寓意是太后万寿。这些佛像都是建楼的时候，乾隆皇帝下令文武大臣和封疆大吏捐造的，其中大金佛一百八十八两八钱，小金佛五十八两，这两个数字中都有"八"，也都有"八十万寿"的含义。可惜，八国联军入侵时，它们都被日军抢得一干二净了。万佛楼也在"鸟来鸟去山色里，人歌人哭水声中"阅尽世事沧桑，最终因破旧不堪，于1965年被拆除。

母后，祝您生日快乐，这是儿臣送您的生日礼物！请您笑纳！

寿礼香几的故事

我是崇庆皇太后宫里的一张香几。告诉你一个小秘密，太后绝对是一个很喜欢香几的人。她晚年的时候，皇帝为她举办过三次特别隆重的庆寿大典，人们进献了好多寿礼，其中当然也有香几了。

香几是干什么用的？别看我们长得像凳子，可用途却跟凳子大不相同。古人讲究风雅，动不动就焚香、弹琴，而焚香用的香炉就放置在香几上。除此之外，香几还是室内的一种摆件，所以造型十分独特、好看。

我的名字叫"黑漆描金山水图菱花式香几"，虽然看起来不大，可是却非常精致，是经过许多工匠之手精心制作的。我身上还系着一个黄签："（乾隆）五十年四月二十四日刘炳忠交，赏福晋、公主用黑漆描金花大小香几三十三件。寿康宫。"意思是说，皇太后去世后，在乾隆五十年，一次就赏给福晋、公主三十三张香几。由此可见，皇太后居住的寿康宫里藏了好多香几。

一幅皇帝全家福

乾隆三十六年（1771年）十一月二十五日，崇庆皇太后八十寿诞日，在慈宁宫举行的隆重筵宴将整个寿庆活动推向高潮。这天，六十一岁的乾隆皇帝带着他的皇子、皇孙、额驸（驸马），先在太后面前跳起满族传统的"喜起舞"，然后捧起酒杯为母亲祝寿。

故宫博物院收藏的《崇庆皇太后八旬万寿图》，就定格在献舞、捧杯之后：慈宁宫殿内正间，皇太后端坐在宝座上享受盛宴，乾隆皇帝侧身陪坐在母亲身边；东西二间，乾隆帝的妃嫔、公主身着朝服正身而坐，两侧的站立者是皇子、皇孙们的福晋（妻子），她们怀里抱的孩子应该是皇太后的曾孙、玄孙；殿外月台上，穿黄色朝服站立者为皇子，嬉戏的孩子则是小皇子、皇孙。

画面下方正中，设有一个小型的黄布亭子，亭内红漆长桌上摆着进酒用的金樽、金爵。亭子下方及两侧身穿红衣、彩衣的人，为宫廷乐队和舞者。最右边手捧、肩扛物品的人，则是为筵宴服务的王公大臣。

整个画面绘有人物 180 余人，场面宏大，由宫廷画家姚文瀚负责绘制，用了整整一年时间才完成。现在，这幅画的复制品就张贴在崇庆皇太后住过的寿康宫里，参观故宫时，一定别忘了去看看这幅五代同堂、其乐融融的皇帝全家福哇！

崇庆皇太后八旬万寿图

一个生日，把国家过穷了？

在清朝晚期，慈禧太后虽然不是皇帝，可是她独揽大权，过着比皇帝还奢华的生活。当时，清朝的盛世早已成为过去，国家内忧外患，十分贫弱。可是，慈禧太后却对此视而不见，为了庆祝自己的六十圣寿，她甚至挪用国家的海军军费修建颐和园。按照计划，圣寿当天要在颐和园排云殿举行庆寿大典，接受光绪皇帝和群臣的朝拜，在此前后的几天里，还要在仁寿殿举办几次盛大的筵宴。从紫禁城到颐和园几十里路途中，还要搭设许多漂亮的景点和戏台，皇太后经过时人们要跪在道路两旁恭迎……

没想到，就在她紧锣密鼓地准备庆寿的时候，中日甲午战争爆发，清朝的北洋水师全军覆没，清政府与日本签订了丧权辱国的《马关条约》，被迫割地赔款。此时的慈禧再也没有心情大肆铺张了，只好取消了原定的庆典，最后带着满腹的遗憾，在宁寿宫中黯然度过了自己的六十"圣寿"。

> 从此以后，鲜花照样盛开，生日也年年都有，可是，紫禁城却已辉煌不再。

皇宫珍宝花名册

不断有人给皇帝和皇后送礼物，皇帝又总是把礼物赐这个、赏那个的，谁能记得清楚紫禁城里到底有多少珍宝呀！最后不会乱成一锅粥吗？

这你就有所不知了，宫里有专门的官员来对宝贝进行登记，还写下了无数的"宝贝日记"呢！

　　作为皇家事务的管理者，内务府的官员们都得特别细心才行，他们不仅需要照顾皇帝一家的生活，还要管理好宫里的家具、装饰和琳琅满目的各种宝贝。可是，皇宫那么大，里面的宝贝数不胜数，内务府又是怎么管理的呢？

原来，他们把宫里的各种物品都一一登记在册。这些册子就是皇宫珍宝的"花名册"，称作《内务府陈设档》（简称《陈设档》）。它们有原始档、复核档和日记档三种形式，数量庞大，记录范围除紫禁城外，还包括西苑（中南海、北海）、景山、圆明园、颐和园、承德避暑山庄和皇帝的其他行宫，目前大都完好地保存在中国第一历史档案馆和故宫博物院。

1860 年英法联军火烧圆明园，1900 年八国联军侵占北京，皇宫珍宝被大量焚毁和掠夺。国外的一些博物馆里，目前还收藏着许多当年从中国抢去的珍品。我们对照《陈设档》中的记录，就可以知道其中的部分藏品抢自何处。

皇家祭祀啦！

你要是问我，皇帝最看重的是什么？那我一定要说："最看重礼仪。"上到皇帝，下到奴仆，举手投足都要有规矩，一丁点儿都不能马虎。除此以外，皇家每年还会抽出许多时间来祭祀。

想想也是，皇帝自称是"天的儿子"，自然要对天相当尊敬啦！那么，皇帝还需要祭祀谁呢？

祭天地、祭祖宗，祭他们敬仰的各种神仙。据统计，清代由礼部主持的国家级祭祀就有近80种！根据祭祀对象和礼仪规格，它们分为大祀、中祀、群祀三个级别。凡是重要的祭祀，皇帝一般都亲自参加。

九坛八庙

《左传》里面说：“国之大事，在祀与戎。”意思是，祭祀和军事是国家的两件大事。所以，历代帝王都通过一系列隆重、庄严的祭祀仪式，祈求风调雨顺、国泰民安。明清时期北京的主要皇家祭祀场所，可以概括为“九坛八庙”

“九坛”包括：天坛、地坛、日坛、月坛、社稷坛、先农坛和先蚕坛。看到这里，你可能会问：这才七座啊？这是因为有的坛里不只设有一座坛。其中，天坛里除用于祭天的圜（yuán）丘坛外，还有一座祈年殿，它的另外一个名字叫“祈谷坛”；先农坛里面，也有先农坛、太岁坛两座坛。这样，合起来就是九座坛。

让我来考考你：什么叫“左祖右社”，五色土又是怎么一回事？

扫码领取
★故宫奇妙之旅
★神奇的脊兽
★云游博物馆
★国宝档案册

"八庙"包括：太庙（祭祀当朝皇帝的祖先）、孔庙（祭祀先师孔子）、历代帝王庙（祭祀三皇五帝到明朝的历代帝王）、奉先殿（紫禁城里的皇帝家庙）、传心殿（也在紫禁城内，皇帝参加经筵日讲前，在此举行"祭告礼"）、雍和宫（雍正皇帝继位前的王府，后来成为著名的寺庙）、寿皇殿（位于景山后部，供奉清朝已故皇帝的御容）、堂子（祭祀皇家信奉的神仙）。

除此之外，紫禁城周边还有宣仁庙（风神庙）、凝和庙（云神庙）、昭显庙（雷神庙）等八座皇家寺庙，称为"紫禁城外八庙"。

"左祖右社"是古代皇城的设计理念。紫禁城的前面，左边（东）是祭祀祖先的太庙，右边（西）是祭祀"社神"（土地神）和五谷神的社稷坛。其中，社稷坛的坛面上铺着五种颜色的土——中为黄、东为青、南为红、西为白、北为黑，代表中华大地的五方国土。皇帝每次祭社稷坛，坛上都要新铺一次五色土。

最为隆重的祭天典礼

古代帝王大都敬畏自然，明清两代皇帝也保持春分祭日、夏至祭地、秋分祭月和冬至祭天的传统。其中"礼莫大于敬天"，以冬至日的天坛祭天典礼最为隆重。

皇帝为什么要选择冬至祭天呢？这是因为冬至是一年中白昼最短、黑夜最长的一天，此后白天就会一天天变长，古人认为是"阴极阳生"的大吉之日。祭祀前三日，皇帝先在宫内斋戒，不能喝酒吃肉，也不能进行任何娱乐活动。经过一系列精心而繁杂的准备后，皇帝于祭天前一日乘御辇至天坛斋宫再斋戒一天。

祭祀当日，三层圜丘坛上的陈设讲究，祭品丰富。上层天心石北侧设主祀神位——"皇天上帝"牌位。二层东西

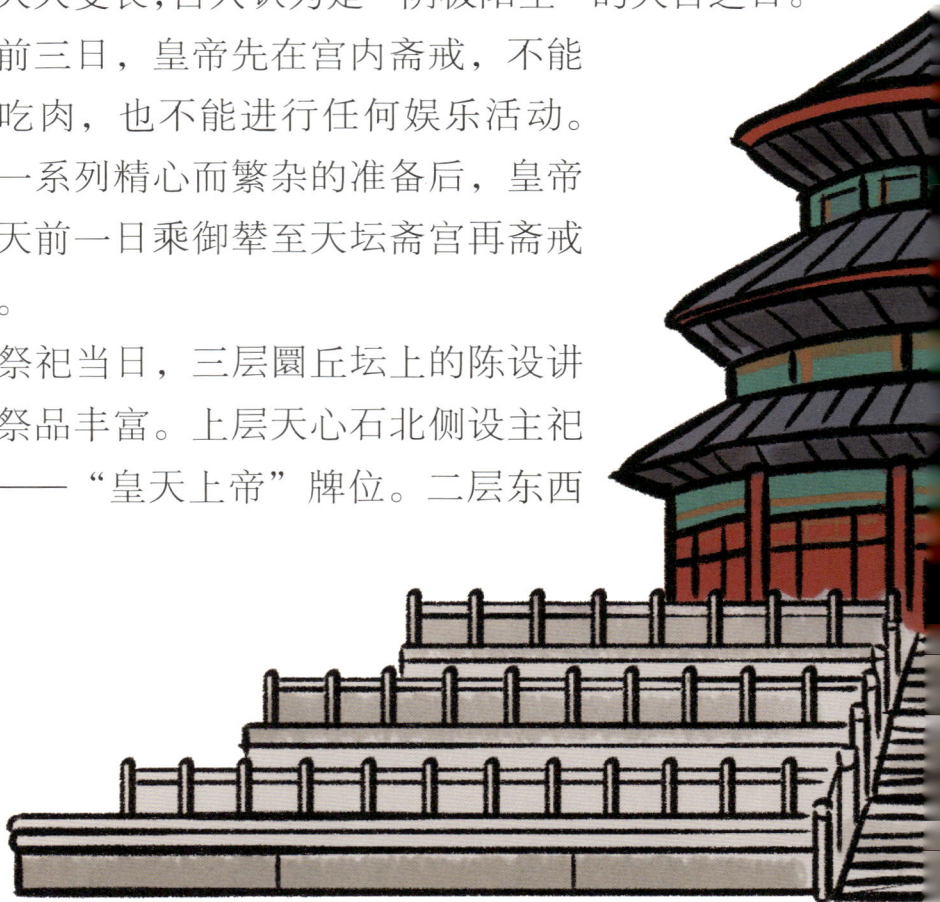

两侧为配祀神位——日、月、星、辰和云、雨、风、雷牌位。神位前摆列玉、帛（丝织品），整只的牛、羊、猪，以及酒、果、菜等大量供品。光盛放祭品的器皿和祭祀所用的各种礼器就多达 700 余件。圜丘坛上、中两层平台的正南方，都设有皇帝拜位；南面台阶下的东西两侧，则陈放有编钟、编磬等 16 种共 60 多件乐器。

祭天仪式开始，皇帝身穿蓝色祭天礼服走上圜丘坛，需要完成一系列复杂的祭祀步骤。每个环节都伴有程式化的音乐和舞蹈，祭祀过程冗长，礼仪十分烦琐。最后，皇帝要率群臣行三跪九叩礼多次，祭天典礼方告结束。

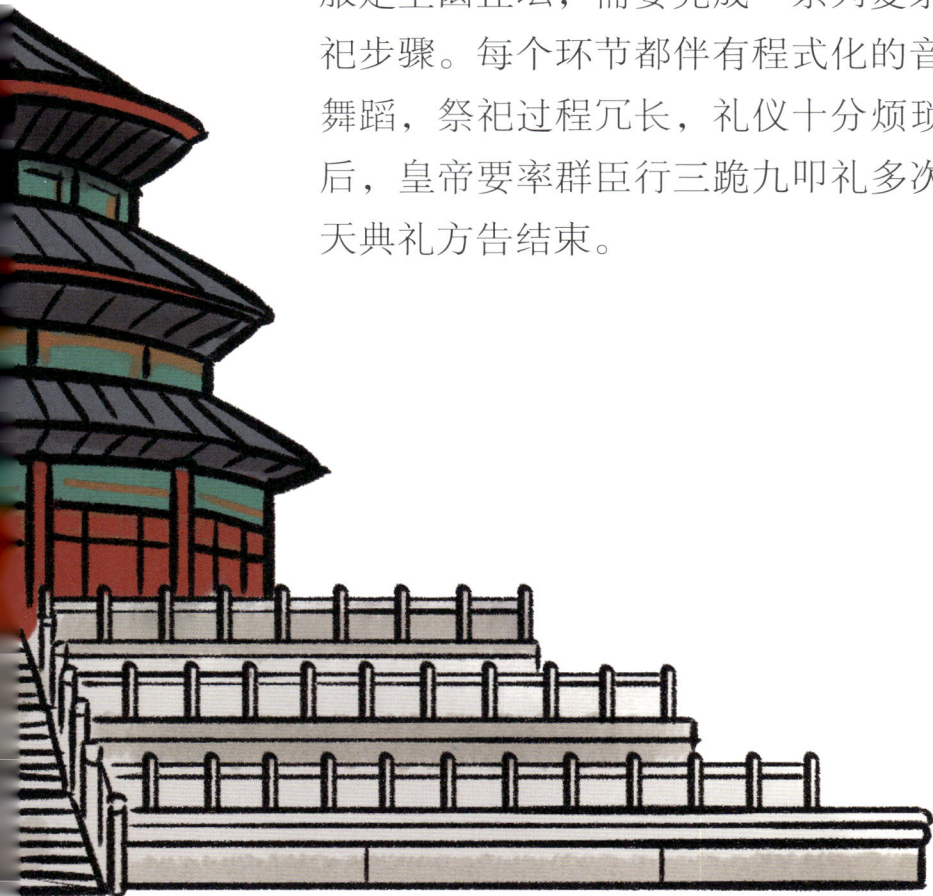

皇后采桑喂蚕宝宝

农耕与蚕桑是古代最主要的生产活动，所以祭祀先农和先蚕被视为重要的国家祀典。相传先农神即炎帝神农氏教人们垦荒种植，而先蚕神则是黄帝轩辕氏的妻子嫘（léi）祖，她发明了养蚕缫丝。按照古代男耕女织的社会分工，每年春天由皇帝主祭先农，皇后主祭先蚕。

祭先蚕的仪式叫作"先蚕礼"，在西苑太液池（今北海公园）北端的先蚕坛举行。祭祀这天，先蚕坛上支起黄色幕帐，里面供奉先蚕神位，以及牛、羊、猪、酒等祭品。皇后在妃嫔、公主、福晋和女官的陪同下，来到祭坛主持祭拜。

祭礼程序相当烦琐，除了必行的跪拜、上香、献祭品外，最有特点的是"躬桑礼"。皇后手持金钩

祭祀先蚕的时候，皇后很忙吧。

当然啦，祭先蚕是清代唯一由皇后主持的国家祀典，任何细节都马虎不得。

与金筐，率先到蚕坛内的桑林采桑。不过，她只是象征性地摘取三支桑叶，便走上观桑台，坐在宝座上，观看妃嫔、宫女等采桑，然后蚕妇将桑叶送到蚕室喂蚕。待蚕吐丝作茧后，皇后再到先蚕坛行"缫丝礼"，象征性地在金盆里缫丝——剥茧抽丝三次，整个祭礼才算结束。

乾隆九年（1744年），清朝举行了开国后的第一次先蚕礼，由孝贤皇后富察氏主持祭祀，乾隆皇帝还让宫廷画家绘制了一幅长卷《孝贤皇后亲蚕图》，生动地记录了皇后亲蚕的过程。

孝贤皇后亲蚕图（局部）

当皇帝，也要反省自己

　　祭祀，说到底是为了培养敬畏之心。皇帝登基时需要祭祀，告诉天地祖宗"我能当好这个皇帝"；国家出了乱子也需要祭祀，去向天地祖宗反省一下是不是自己犯了过错。

　　在明代，紫禁城文华殿的西北侧有一座"省愆居"，那是一间简陋的木制小屋，地基有三尺高，木墙下不接地，看上去就像一个大囚笼。当国家遭遇危机或者灾害时，皇帝往往要到这里"面壁思过"，希望神灵保佑自己渡过危难。崇祯年间，乱事不断，灾害频仍，崇祯皇帝就多次来这里进行自我反省。

> 唉，大明朝最近不是内乱就是灾荒，是不是因为朕管理不当啊！

皇帝招人啦！

国家就像一台大机器，人们各司其职，它才能有序地运行。比如，大臣们要恪尽职守、内务府要打理好皇家的大事小情、外交使节在出使时要维护国家权益……所有这些都很不容易，所以皇帝需要选用很多有能力的人，是这样吧？

那像我这么机灵可爱、学习又好的人，怎么才能被皇帝注意到呢？

人才可不是自己送上门来的。有些需要靠科举制度，也就是考试进行选拔；有些需要经过大臣举荐、实地察访。有时候，国家还设立专门的场所来培养学生，就像现在的大学一样。

科举考试，选拔人才

中国的科举制度始于隋朝，经过不断发展完善，至明清两代达到鼎盛，成为古代最为公平的选拔人才制度。明清时期的科举考试分为四级：县级的"童试"、省级的"乡试"、国家级的"会试"和皇帝亲自命题的"殿试"。一般情况下，各级考试都是每三年举行一次，层层选拔人才。清朝光绪年间，进京参加会试的考生就有一万多人。其中年纪最小的只有 16 岁，最大的呢？竟然有 103 岁！这么多考生中，最终被录取的只有三百多人。

童试是科举阶梯的第一级，也是考取功名的起点，通过者称为"生员"（俗称"秀才"），可以进入府、州、县学学习，并有资格参加乡试；乡试通过者称"举人"（俗称"孝廉"，第一名称"解元"），新科举人还须通过复试，合格者才有资格进京赶考，参加会试；会试在阴历三月举行，因此也称"春闱"，每次录取三百人左右，通过者称"贡士"（第一名称"会元"）。

殿试最为隆重，多在紫禁城里的保和殿举行，由皇帝亲自主持。会试选拔的所有贡士，在殿试后改称"进士",他们都不会落榜,只是名次会发生变化,前十名由皇帝钦定。进士分为三等,俗称"三甲":一甲三名(状元、榜眼、探花),赐"进士及第";二甲七名,赐"进士出身";三甲若干名,赐"同进士出身"。殿试结果通过黄榜公布,黄榜用黄纸书写,故称"金榜",中进士称"金榜题名"。

一个考生在乡试、会试和殿试中,如果都名列第一(即解元、会元、状元),就被称作"连中三元"。这可是读书人梦寐以求的最高荣誉,但这样的"杰出人才"在历史上屈指可数。

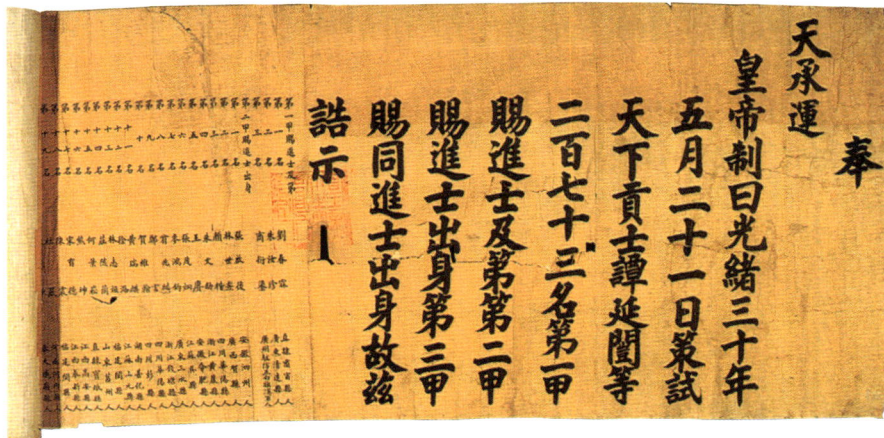

光绪三十年(1904年),中国最后一次殿试金榜

皇帝开恩科

　　在清代，科举考试通常每三年举行一次，称为"正科"。但也有例外，有时候遇到皇帝登基、万寿节和圣寿节等重大庆典，皇帝还会恩准"加科"，也就是额外增加一次考试，称为"恩科"。康熙五十二年，康熙帝六十万寿时首开恩科，此后皇帝登基也都特开恩科。据统计，清代共开恩科 26 次，其中乾隆皇帝就开了 5 次，包括崇庆太后六旬、七旬、八旬圣寿时的 3 次恩科。当时的读书人当然都很期盼能遇到这样的恩科，使自己增加一次金榜题名的机会。

这你就有所不知啦，据我推算，过几个月就是皇太后的寿辰，皇帝一定会开恩科的。我们的机会来啦！

不是已经考完试了吗？你为什么还三更半夜挑灯夜读呢？

国子监，国家最高学府

如今，每一年的金秋九月，都有一批学子步入大学校园，开始新的学习生活。那么，明清时期也有大学吗？答案是肯定的，那就是国子监了。

国子监又称"太学"，兼有国家最高学府和教育管理机构的双重职能。在明代，国子监共有两处：一处设在南京，叫南监；另一处设在北京，叫北监。北京国子监建于元代，明清两代继续使用。它坐落在今东城区国子监街（明清时称"成贤街"），东与孔庙相邻。国子监的"校长"叫"祭酒"，是个从四品官（级别相当于地方上的巡抚），其他教学、管理人员也都是朝廷命官。学生称为"监生"，根据他们的知识基础和考试成绩，采取分堂教学的形式，分别安排在六堂（正义堂、崇志堂、广业堂、修道堂、诚心堂、率性堂，类似现在的不同年级和班级）学习。监生们大都住在名为"号房"的集体宿舍中，部分带家眷的可到外面租房，朝廷按月发放一定的米粮作为生活补贴。监生毕业后，可以派往政府六部等部门实习或参加科举考试。

清朝的雍正、乾隆皇帝都曾经在国子监讲学，当时讲坛就设在国子监的中心建筑——辟雍殿。

特别的"经济"考试

到了晚清的时候，中国已经非常贫弱，国人对西方的先进技术都很不了解。如果从长此以往，岂不是变得更弱了吗？

慈禧太后为了招募与时代接轨的人才，于光绪二十九年五月十六日，在保和殿进行了一场"经济特科"考试。不过，参加考试的人并不多，只有186名。初试的题目是《大戴礼：保，保其身体；傅，傅之德义；师，导之教训，与近世各国学校之体育、德育、智育同义论》。意思是：要考生去写文章论证，近代不同国家的体育、德育、智育宗旨是一样的。

这里需要解释一下，当时的"经济"二字，含义与现在完全不同。它的意思是"经国济世"，也就是传统知识分子追求的"治国平天下"。由于招募不到真正的治国人才，那次经济特科考试也没有达到预想的效果。

皇帝招御医啦！

备受皇帝重视的，除了读书人之外，还有很多御医、工匠等。

太医院的御医中，有些是从民间医生中访求而来的，他们精通医理、愿为皇帝效力，通过考试录用。此外，太医院还专门设有教习厅，培养医务人才。学医者要经历多年勤学苦练，考试合格后才能被录用。此后的职务晋升，也需要逐级进行考试。

太医院的考试可不仅仅是考医学、医理和开方治病，还包括科学、文学，乃至书法——也对，医生开药方，要是字迹太潦草，病人抓错药，那就太可怕啦！

清代"太医院印"

名医吴杰的故事

你好！我是明代的名医吴杰，因为医术高明而被选入紫禁城的御药房。我最擅长的是诊脉。有一次，正德皇帝朱厚照患病，我用一服药就治好了他。从那天开始，我被提拔为御医，皇帝还赏赐我绣春刀、银币等物品。后来，正德皇帝南巡时，我还规劝他说："皇上身体还有些虚弱，不适合长途跋涉。"可惜，正德皇帝不听我的话，结果南巡时因为身体虚弱不慎落水，我仍然不顾一切赶过去为他诊治。

尽管得到了许多赏赐，但是宫中的规矩太多、太复杂了，我还是觉得很不适应。所以上了年纪以后，我就回归乡里，从此过上了平淡而惬意的田园生活。我给当地的百姓看病，救治更多的人——晚年，我才真正地实现了自己的理想！

进紫禁城当工匠

造办处是紫禁城里的"皇家制造厂"，专门负责制作宫中所需的各类用品，鼎盛时期曾同时设立40多个专业作坊，如玉作、画作、珐琅作、雕刻作、油漆作、做钟处等。每制作一件用品，往往需要多个作坊分工协作，共同完成。

造办处网罗了全国的能工巧匠，每个人都身怀绝技。那么，这些优秀的工匠是怎么招进宫中的呢？

大体来说，造办处工匠可以分为两类：一部分是长期服役的"正式工"，每个月都发给固定的钱粮，年老后也能领到官府的养老金；另一部分则是根据工作需要，从各地招聘的"临时工"，工作期间给以相应的报酬，任务完成后拿着赏银返回原籍。其中，也有一些人因技艺超群被内务府看中，留在宫中继续服役，相当于"转正"。

据说，康熙年间宫里从苏州招来四名技艺高超的工匠，交给他们一项艰巨的任务：裱糊细腰葫芦的里面！这可一点也难不倒聪明的匠人。他们去掉葫芦的蒂，装入碎碗碴，几个人轮流摇晃，让里面变得很光洁。然后，把白棉纸用水浸泡一夜，调匀灌进葫芦，干了再灌。这样反复好几次，结果葫芦里面被装裱得非常光洁，外面却看不出丝毫痕迹。

造办处走出的制瓷大师

唐英是清代著名的督陶官，也就是负责监督皇家陶瓷生产的官员。他主持烧造了近百万件御用瓷器，几乎件件都是珍品。瓷器如果会说话，一定会感谢他，因为他使古老的中国瓷器进入了"黄金时代"！

康熙年间，年轻的唐英曾在宫中造办处供职，负责绘制御用器物图样。雍正六年（1728年），他奉命前往江西景德镇，协助管理御窑厂的瓷器烧造。此时他已步入中年，虽然多才多艺，在诗文、书画、篆刻、戏曲等方面都有所成就，但对陶瓷还是个外行。不过，唐英是个非常爱琢磨的人，工作上从来不辞辛苦，到任后与工匠们同吃同住，仔细研究瓷器烧造的每一道工序，积累了丰富的实践经验。

以前，瓷器匠人有技术而没有文化，不会著书立说；文人有文化但不懂制瓷，也不能总结陶瓷的烧造经验。唐英则技术与文化兼而有之，编写有《陶务叙略》《陶冶图说》等书，促进了瓷器生产的发展与创新。

唐英在督陶官岗位上一干就是二十多年，督造的瓷器精美绝伦，乾隆时他负责的官窑由此得名"唐窑"。

宫里过节啦！

立春、惊蛰、芒种、小满、立夏……这些节气的名字美，由来也美，念起来就像一首诗一样。故宫里的规矩那么多，每逢这些节气一定也有许多习俗吧？

我猜，有许多习俗都和"吃"有关。光我知道的，就有香甜的元宵、清香的粽子、甜美的月饼、不同馅料的饺子……一想到这里，我迫不及待地想把故宫的时令美食都尝遍。

一年之计在于春

俗话说，"一年之计在于春"。自古以来立春就是一个重大的节日，被称为"立春节"。古时，天子要亲率三公九卿、诸侯大夫去迎春，祈求丰收。民间也流传着不少习俗，比如打春牛、啃春饼、探春（踏青）等。虽然北方还有余寒，冻得人缩头缩脑，但是泥土之下正在孕育着的生命之力，就要破土而出啦！

谷代表的是粮食，祈谷就是祈求上天赐给百姓丰收年。民以食为天，能丰衣足食，就天下太平。所以每年立春后，皇帝都会在天坛祈年殿举行祈谷大典，祈求五谷丰登。

祈谷

文武百官，大家一起来啃春

祭祀过后，就开始"啃春"了。"啃"的食物和我们如今立春时吃的差不多，就是萝卜。在明代，《明宫史·饮食好尚》记载："立春之时，无贵贱皆嚼萝卜，名曰咬春。"

我听说，在清代每逢立春，皇帝还会赐文武百官春盘，这春盘里装的是什么呢？

大多是立春日所食的面饼，加上一些生菜和萝卜。在清代，春饼已经是一种很流行的美食。它用白面做外皮，圆薄平匀，内包菜丝，卷成圆筒状，用油炸至黄脆，又叫春卷。在立春之前，街头上就有卖春饼的。有人吃得开心，曾写诗赞美这种美食："十月琼肌贵，吴侬制不同，匀平霜雪白，熨贴火炉红。薄本裁圆月，柔还卷细筒。纷藏丝缕缕，馋嚼味融融。"

打春，鞭打春牛

立春又叫"打春"，这种称呼源于古代的打春牛习俗。到了清代，顺天府（当时的北京市）在立春这天，早早就在紫禁城午门外摆设桌案，上面放置一尊泥塑春牛。随后，由府尹（相当于市长）带队，将春牛抬进宫中，随行的官员都身穿朝服，手持彩杖"驱赶"春牛，最后春牛被打成碎片。大家都兴高采烈，通过鞭打春牛的形式，期盼这一年能风调雨顺。

"春牛"是泥塑的，里面装了五谷杂粮，鞭打春牛，意味着春耕就要开始，大家辛勤耕作，期待秋后的好收成！

69

皇帝的"一亩三分地"

农业是国家的根本，皇帝自然十分重视，每年仲春时节，都要到先农坛举行隆重的祭祀典礼。祭祀活动包括两项内容：一是祭祀先农即炎帝神农氏，二是举行亲耕礼。先农坛中有一块"籍田"，面积一亩三分（约866平方米）左右，明清两代皇帝都曾在此亲自耕种。

祭祀之前，皇帝要虔诚地在宫里斋戒两天，并在中和殿演习祭祀礼仪，检查所需的农具和种子。典礼当日，他先在太岁殿祭拜先农，然后更换礼服，亲自下田扶犁播种。耕上三个来回后，便登上观耕台，观看王公大臣继续耕作。在随后的日子里，皇帝也会询问庄稼的长势。结果嘛，皇帝亲自播下的种子，后续

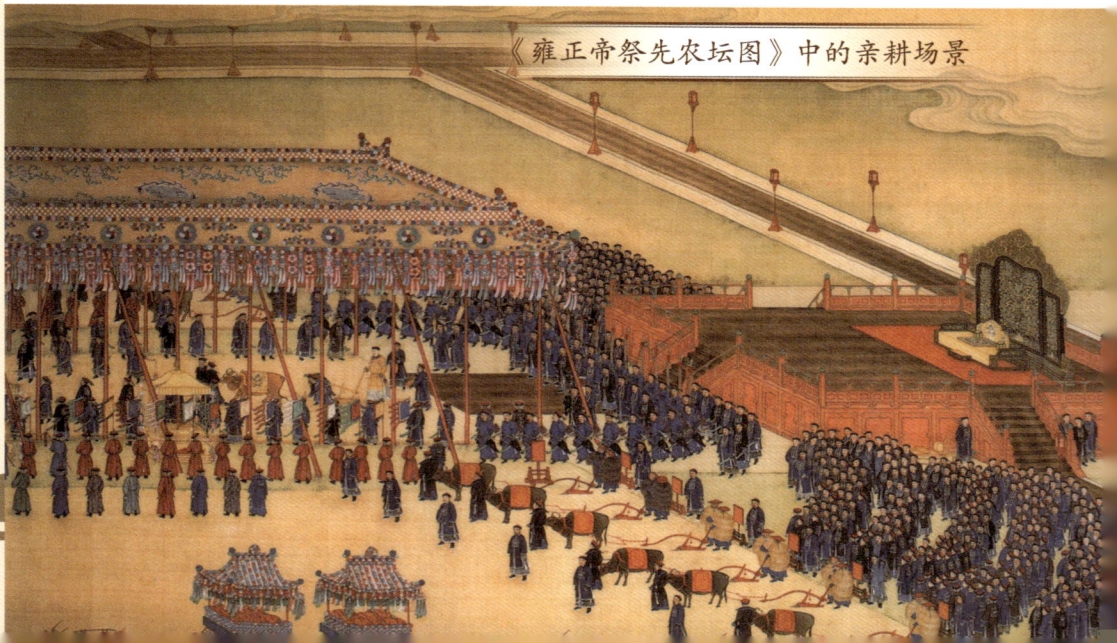

《雍正帝祭先农坛图》中的亲耕场景

皇帝亲耕图（铜版画）

的施肥、锄草、除虫等，都有专人悉心照料，当然是年年丰收啦！至于这块地里收获的粮食，则全部留作各个坛庙祭神的供品。

皇帝亲耕也有出现意外的时候。有一次，嘉庆皇帝去种他那一亩三分地，但耕牛却怎么也赶不动，更换一头也是如此，最后在侍卫们的驱赶下才勉强完成了亲耕仪式。接下来轮到大臣们耕作，他们的耕牛也不驯服，甚至还在田里奔跑。在如此重要的仪式上闹出这样的笑话，未免太不严肃、太不吉利了！

端午，皇帝一家怎么过？

端午节又称"端阳节""端五节"，与春节、清明节和中秋节并列为中国四大传统节日。它源于人们对自然天象的崇拜，是由上古时代祭龙演变而来的。农历五月初，正值夏季开始、万物生发，古人认为这是祈福辟邪的日子。

传说，战国时期楚国诗人屈原也是在这天投汨罗江自尽，所以人们也把端午作为祭祀他的节日。千百年来，端午节积淀了深厚的历史与文化内涵，无论民间还是宫廷都十分重视这个节日。

吃粽子，射角黍

宫中也同民间一样，过端午节时主要是吃粽子。清宫粽子的用量十分惊人，每当端午临近，御茶膳房都要准备很多粽子供宫中食用、祭祀和赏赐大臣等。根据《御茶膳房档案》记载，乾隆十八年（1753 年）的端午节期间（五月初一到初五），仅乾隆皇帝一人的膳桌上，便摆放了 1332 个粽子。包这些粽子的细麻绳就用了 18 斤（约 9 千克）！粽子的馅料也是多种多样的，有豆沙粽、果子粽、红枣粽等。

宫里过端午节时，就连做的游戏也和粽子有关呢。比如吃粽子前，常常做一种叫"射角黍"（"角黍"是粽子的别称）的游戏活跃气氛：让宫女站在一定的距离内，用小角弓来射盘中的粽子，谁先射中谁先吃，射中哪个吃哪个。这个游戏玩起来非常有趣，宫女们都喜欢参与。乾隆皇帝还为此写下诗句："亲教宫娥群角黍，金盘射得许先尝。"

喝药酒、悬艾草、佩五毒袋

　　清宫对端午节非常重视，每年都做很多准备，也有很多活动。在宫廷供职的意大利画家郎世宁所作《午瑞图》就形象地描绘了宫中过端午时的应景之物。画面中，青瓷瓶中插有菖蒲、艾草和盛开的石榴花、蜀葵花，托盘中盛放李子、樱桃，旁边还有五个散放的粽子，十分生动。从这幅画中，也能看出清宫过端午有使用菖蒲、艾草的习俗。

郎世宁《午瑞图》

古人认为，五月是百毒丛生的月份，因此也被称为"毒月""恶月"。清宫里也采用一些"辟邪驱毒"的方法，其中就包括使用艾草和菖蒲。艾草，又称艾蒿、五月艾，古人认为它的功能是祛寒湿；菖蒲又称"蒲剑"，叶子又直又尖，很像宝剑，古人认为它有去寒热、提神、通窍和杀菌的作用。

端午当日，皇帝、后妃等都饮用朱砂、雄黄、菖蒲浸制的药酒，认为这样可以让人一整年都身强体壮、无病无灾。为了祈求平安，各宫殿门楣也同民间一样悬挂艾草和菖蒲，甚至皇帝朝冠和后妃头饰上也配饰艾草，就连宫里用的熏香都以菖蒲的根茎为原料制成。

古人喜欢随身佩戴和在室内挂置荷包、香囊等小包，前者可装些零碎物品，后者则用于盛放药物和香料。清代皇帝更把佩戴荷包作为一种礼仪，从画像上就可以看到，他们的衣带上往往挂着好几个荷包。为了取用方便，皇帝甚至把香囊、扇套、火镰套、扳指套、表套等也都挂在衣带上。而后妃等宫中女性，一般则将香囊、荷包挂在寝宫的床帐内，有的会在床帐里挂上一排香囊，在起到装饰作用的同时，还散发着缕缕幽香。

每年三四月份的时候，宫中造办处就开始制作端午使用的香囊、荷包等物品。这时的香囊一般会放置菖蒲、艾叶、藿香、苍术、白芷等端午常用药物。所有的端午佩饰都绣有"五毒"图案，再配以"大吉"字样和葫芦纹样相组合，统称"五毒袋"。所谓"五毒"，一般是指蛇、蟾蜍、蝎子、蜈蚣和壁虎（有时换成蜥蜴）五种动物。虽然现在看来这些动物并非都有毒性，但当时却被看作疾病和危险的象征。端午佩戴五毒袋，寓意以毒攻毒，以恶镇恶。

五毒袋

看戏曲，赛龙舟

　　紫禁城里的重要娱乐活动是看戏，每个节令都有相应的剧本。过端午节时，从五月初一到初六，每天都会上演精彩的戏曲剧目，如《阐道除邪》《灵符济世》《怯邪应节》《采药降魔》《奉敕除妖》等。内容主要是对民间端午节习俗和传说的演绎。这个时候，前面提到的"五毒"——蛇、蝎子、蜈蚣、蟾蜍和壁虎，作为反面角色都会逐一登场，与吕洞宾、张天师等神仙大打出手，最后当然又一个个败下阵去。

　　端午节还有赛龙舟的习俗，因此这个节日又叫"龙舟节"。皇帝也会带着后妃等去观看赛龙舟表演。

端午节最重要的大型活动当数赛龙舟了。水面比较宽阔的圆明园福海、清漪园和西苑三海，都曾举行过龙舟大赛。

同样出自宫廷画家郎世宁之手的《雍正十二月令圆明园行乐图·五月竞舟》，描绘的就是端午时节，皇家在圆明园观看龙舟比赛的情景。画面中，雍正皇帝与皇妃、皇子们坐在码头的楼阁上，许多艘华丽的龙舟争相竞渡，洋溢着欢乐祥和的气氛。

端午节当天，皇帝也与王公大臣一同登上龙舟，在微风荡漾的湖面上竞渡前行。皇帝还将菖蒲酒、粽子赏赐给大家享用，君臣共度，其乐融融。乾隆五十六年（1791年），安南国（今越南）使者到北京朝贡时恰逢端午节，乾隆帝也用观看赛龙舟作为犒劳，并赏赐安南国王很多礼物。

七夕节，乞巧节

农历七月初七是七夕节，又称乞巧节、女儿节。这天夜里人们仰望星空，会发现牵牛星和织女星隔着银河遥相呼应。于是，古人把它们想象成一对被天神强行分开的恋人——牛郎和织女，认为七夕这天，喜鹊会在天河（银河）上搭起一座鹊桥，让二人在桥上相会。从汉代开始，七夕就是重要的节日之一。唐玄宗和杨贵妃更留下了"七夕盟誓"的爱情佳话，白居易专门为此写了一首《长恨歌》："七月七日长生殿，夜半无人私语时，在天愿作比翼鸟，在地愿为连理枝。"

每逢七夕之夜，民间妇女无论长幼、贫富，都要预备五色细线和七孔细针，对着月光穿针引线。有时还会做枣泥、蜜饯等馅料的"巧果"，乞求自己心灵手巧。

清宫里过七夕节更别出心裁。每逢这天都要陈设瓜果等祭品 49 种，设牌位，皇后率众妃嫔对月遥拜牛郎、织女。行礼时配有简单悠扬的乐曲，并安排有《仕女乞巧》等月令承应戏。

仔细观察这幅《七夕图》就会发现：楼台上有的女子在晾晒衣物，这是七夕"曝衣裳"的习俗；庭院当中摆着供奉天仙的"乞巧果子"，两侧站着的女子都在非常专注地穿针引线；画面右侧一女子正端着一盆水，这大概就是准备"丢巧针"了吧。

丢巧针、赛针会

　　七夕当日，宫中女子会玩一种"丢巧针"的游戏。就是用手捻起一根绣花针，轻轻放在碗里的水面上，针尖向北、针孔向南，让太阳光从针孔中射过去，看水底的针影呈现什么形状，这就是"丢针看影"。七夕这天晚上，宫中女子还会在月光下进行"赛针会"：大家借着月光穿针引线，谁能又快又好地完成任务，就会得到皇太后、皇后的奖赏。

尝甜果、寻鹊影

农历七月初，正是瓜呀、果啊都成熟了的时节。所以，七夕晚上赛针会结束后，宫女们会得到主人赏赐的瓜果。大家忙活了一天，玩闹欢笑，夜里还能吃到甜甜的瓜果，想来心里也会觉得甜甜的吧！这可是在宫中伺候后妃的宫女们一年中难得的放松时光。

有时到了深夜，宫女们还会相约在树下有月影的地方，摆上一盆清水。因为传说中，喜鹊在这天夜里会为牛郎和织女搭桥，让他们相会。如果谁能在月光下的净水里看到喜鹊的影子，谁就会得到喜运。当然，她们即使熬到天亮，也很难沾到这样的好运。

中秋节，造一个超级大月饼

满月圆圆的，皎洁无瑕，会让人产生一切关于美满的联想。但是，每个月都有满月，为什么偏偏只有八月十五成了跟满月有关的、象征团圆美满的节日呢？

那是因为农历八月，农民迎来了丰收季节，人们不再忙于耕种，庄稼也都收完了。这时候的天气很宜人，不像夏季那么热，又不像冬天那么冷。大家可以在秋天做好多放松身心的事情，这个时候，人们就有更多的时间和精力用来庆祝，于是便选择这个季节的满月之夜——中秋夜来团聚、赏月。

在清代，皇帝会在春季祭祀太阳，象征朝气、活力，此后天气逐渐转暖，这时候皇帝会穿着红色的祭服；而到了秋季，皇帝便会祭祀月亮，象征阴柔、团圆，此后天气逐渐变冷，这时候皇帝会穿着蓝色的祭服。中秋时，紫禁城中要按钦天监指定的"吉位"设置供案，摆上新鲜的瓜果等祭品，由皇帝亲手拈香祭月。

神奇又可爱的兔儿爷

你还记得唐代大诗人李白写的《古朗月行》吗？它以浪漫的手法，描写了古人对月亮的想象。其中"白兔捣药成，问言与谁餐"，说的就是传说中与嫦娥同住月宫的玉兔，在月亮上一直忙着捣药。每逢中秋，无论是宫中还是民间，都借着玉兔捣药的传说来供奉兔儿爷，期望能够祛病免灾。

兔儿爷又称"彩兔"，基本都是泥塑彩绘而成。故宫收藏的兔儿爷，形象都是兔首人身，如同戏曲中的武将打扮，大都身穿铠甲，外罩大红蟒袍，手持捣药杵，或骑梅花鹿，或高踞城头，或端坐于菊花丛中。直到今天，它仍然是中秋节一个象征元素，寄托着人们对生活美满安康的期盼。

在人们心中，兔儿爷真是个善良又神奇的存在！

清宫泥塑兔儿爷

避暑山庄的中秋节

乾隆皇帝特别喜欢热河避暑山庄，曾那里度过48个中秋节，山庄的"云山胜地"便是他当年赏月吟诗的地方。《乾隆帝观月图》描绘的就是他年轻时在皇子的陪伴下，在云山胜地悠闲地品茶观月的场景。

云山胜地位于湖畔，视野开阔，中秋月色可尽收眼底。它的二楼有一间佛堂，名叫"莲花室"，乾隆帝曾写过一首《题莲花室》御制诗："凭参水月还天月，如是今秋即昔秋。"

避暑山庄地处塞外，气温比京城低，原本没有桂树。但是，为了让皇帝在中秋时有桂花可赏，山庄的园丁们费尽心力，培育出了盆栽的热河桂花。这里的桂花可以同荷花一起盛放，成了别处看不到的独特景观。乾隆皇帝在诗中也写过："底知塞苑胜禁苑，仍有荷花傍桂花。"

乾隆皇帝观月图

五花八门的月饼

在中秋节这个既有美满圆月，又能阖家欢聚的节日，怎么能少了美食呢！每逢此时，京城里家家户户张灯结彩，全家一起吃象征团圆的月饼。

紫禁城里更是一派热闹的景象。供奉月神的几案上，除了供着"月光神码"——也就是画着广寒宫、嫦娥、玉兔等的纸符，还摆着一个超级大月饼。据说，这个大月饼重达 11 斤（5.5 千克），直径有 70 厘米，上面又自下而上、由大而小，层层码放不同尺寸的月饼，最后摆成塔状，上面最小的月饼直径只有 6.6 厘米。宫里做月饼用的模子就有 8 种规格，这些大大小小的月饼还有不同的图案、不同的皮儿和馅儿。它们有的供皇帝和后妃等人享用，有的用于供奉，有的则用来赏赐……

重阳节，敬老、赏菊、登高

在古人的观念中，"九"是最大的阳数（单数），农历九月九日，两九相重，所以叫作重阳节。这天又称老人节、菊花节。此时秋高气爽，主要活动是登高、赏菊、饮菊花酒和吃重阳糕。

在明代，一到九月，宫里过节的气氛就已经十足了，皇帝御前开始陈设菊花。重阳这天，皇帝会登高远望，观看秋收打稻戏。清宫习俗与明代相似，皇帝在紫禁城，会登御花园堆秀山上的御景亭；如果在圆明园，则会去登香山。清朝皇帝都爱看戏，这天会上演许多应景的戏，如《九华品菊》《江州送酒》《登高览胜》等等。

记不记得我们在《在紫禁城里住一天》中曾经提到，慈禧太后特别喜欢菊花火锅？菊花火锅最适合在重阳节时吃。在火锅中加入鸡汤，煮沸后先将鸡片、鱼片、大枣、枸杞、芡实投入，过1分钟左右投入浸泡洗净的菊花瓣，再煮片刻即可食用。滋味芬芳扑鼻，别具风味。

九九消寒

冬至又称"冬节"，是二十四节气中的第二十二个节气。在古代，这可是个重要的节日，有"冬至大如年"的说法。在清代，冬至与元旦（春节）、万寿节并列为宫中三大节，这天除了举行隆重的祭天大典外，皇帝还在宫中开始填绘"九九消寒图"。

从冬至开始，便进入了数九寒天，一共要过九九八十一天才会寒尽春来。古人为了打发漫长的冬日，增添生活的情趣，便用填图、写字等方式，填充这八十一天的日历。"日历"共有九九八十一个记录单位，所以称为"九九消寒图"。

"九九消寒图"有多种形式，归纳起来主要包括"画"和"写"两类。"画九"是用图画方式记录天数，如先画素梅一枝，枝上有九朵梅花，每朵花有九个花瓣，从冬至开始，每天用红笔为一个花瓣涂红，待梅花全部变红，"九九"便结束了。"写九"则是用写字方式记录进行记录，如悬挂在养心殿的道光皇帝御笔"管城春满"挂屏，其上端墨笔书写"管城春满"四字，下面分九宫格书写"亭前垂柳珍重待春风"九个大字，每字九划。也从冬至开始，每天描红一笔，描完时严冬已过，大地回春。

　　这里的"管城"是毛笔的代称。"管城春满"的意思，就是写完这九个字后将会春色满园。

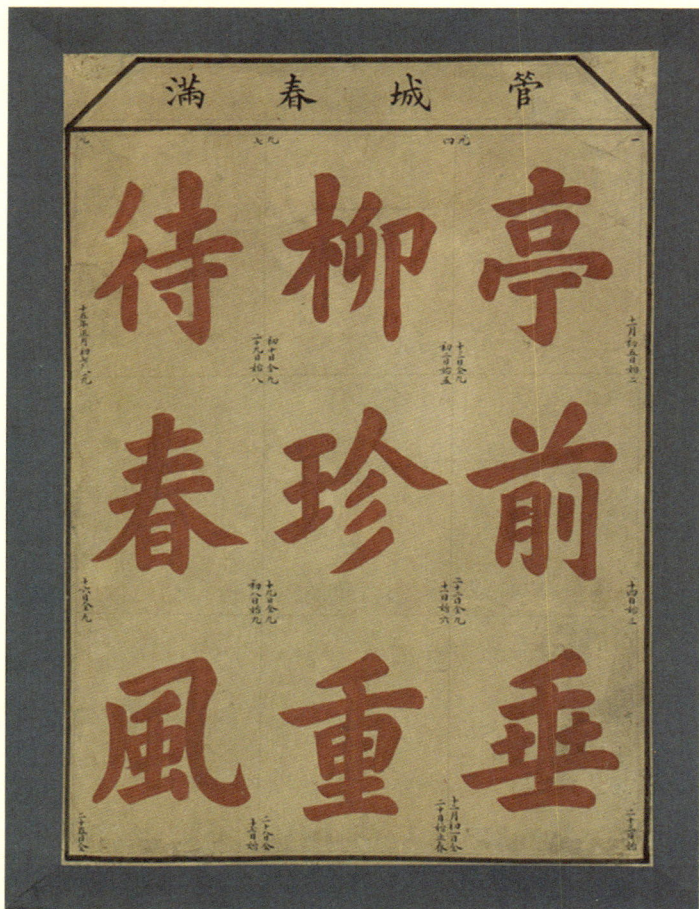

道光皇帝御笔《九九消寒图》

腊八节，喝粥与观冰嬉

腊月的重大节日之一是腊八（农历十二月初八），宫里过腊八节的习俗也同民间一样，主要是喝腊八粥。

进入十二月，内务府就开始准备粥料和干柴，然后由皇帝派大臣到皇家寺院雍和宫监督熬粥。初七日生火，一共要熬六锅，每锅粥的用途大致是：第一锅供奉神佛祖宗；第二锅送进宫中，供皇帝、后妃、皇子等食用；第三锅分赐给在京的亲王和各寺庙大喇嘛；第四锅赐给在京文武官员；第五锅留给雍和宫的僧众；第六锅施舍给京城百姓。这些粥的用料也有区别，前三锅里加奶油和全份果料，后三锅没有奶油，果料也一锅比一锅少。

腊八前后，宫中的另一项重要活动是在西苑举行的冰嬉表演。这是清代特有的大型冰上运动，被乾隆皇帝称为"国制所重"。参与表演的数百名运动员，都是从八旗官兵挑选的冰上能手，表演内容包括花样速滑、冰上射箭、冰上杂技等，场面十分壮观。届时，皇帝率王公大臣等前往校阅，并根据选手的表现划分三个等次，颁赏相应的银两。

皇帝写"福"字

宫里过年，注重仪式。从腊月初一开始，皇帝就开笔书写"福"字。他们写"福"字很有讲究，毛笔是黑漆笔管，上面刻有"赐福苍生"四个金字，正方形的大红纸上绘以金色云龙花纹。皇帝写的第一个"福"字贴在乾清宫，再写十余幅贴于其他宫中，然后陆续写一些赏赐给王公大臣等。

清代"五帝福"

清代皇帝写"福"字，还要从顺治皇帝说起。他是清朝入关后的第一位皇帝，名字叫福临，按照古代的避讳制度，人们不能随意使用"福"字。于是，顺治帝下诏："不可为朕一人，致使天下之人无福。"此后的皇帝便都遵循祖制，每年写"福"赐"福"。2019年，故宫博物院举办《贺岁迎祥——紫禁城里过大年》展览，把康熙、雍正、乾隆、嘉庆、道光五位皇帝书写的"福"字，以乐器"磬"的形状排列展示，寓意"福庆"，称为"五帝福"。

那皇帝岂不是要写很多个"福"字？一天能写得完吗？

皇帝一连要写上好几天呢。据说乾隆时期有一位尚书，一生共得到皇帝赏赐的二十四幅"福"字，把它们装裱后全都悬挂在家中的厅堂，将厅堂命名为"二十四福堂"。

扫码领取
★故宫奇妙之旅
★神奇的脊兽
★云游博物馆
★国宝档案册

过小年，祭灶神

腊月二十三，俗称"过小年"，民间长久以来都有祭灶的习俗。祭灶就是用祭品送"灶王爷"升天。传说中的"灶王爷"全名叫"东厨司命九皇灶君"，被看作家庭的保护神。传说这天他要升入天宫，向玉皇大帝汇报这一家人一年来的善恶作为，到了除夕再回归人间。所以，祭灶用的都是糖，就是为了让"灶王爷"在玉帝面前说好话，这也是民间谚语"上天言好事，下界保平安"的来历。

清宫也在腊月二十三这天祭灶，地点就在坤宁宫煮祭肉的大灶前。祭灶要设供案、奉神牌、备香烛，摆供品33种，包括盛京（今沈阳）内务府进贡的关东糖（麦芽糖）和从南苑猎取的黄羊一只。皇帝、皇后先后到坤宁宫拈香行礼。

旧时民间灶王像

灯光璀璨照新年

旧时过年，民间有在高处悬挂灯盏的习俗，彻夜通明，叫作"天灯"。皇宫中自然也不例外，而且宫中的灯更为华美。

在清代，到了腊月二十四日，宫人便在乾清宫丹陛下立天灯一对，每晚点亮，直到年后二月初三才撤下；丹陛上则立万寿灯一对，上面悬挂体现美好寓意的灯联，于正月十八日撤下。与此同时，乾清宫院内各门、庑房回廊和甬道栏杆等处，也会悬挂各种各样的灯笼，加起来有三百多盏呢。

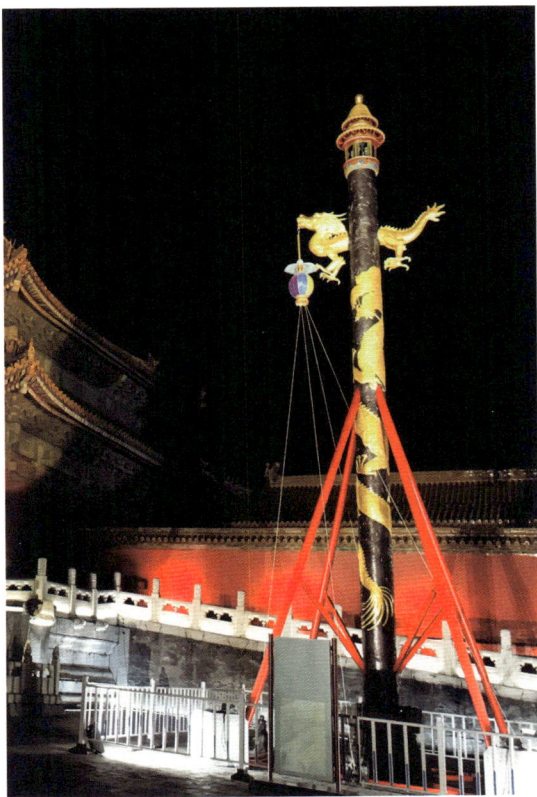

故宫复原的天灯

天灯、万寿灯的高度都在 10 米以上，灯杆雕刻云龙，顶部都有个漂亮的小亭子，下端插在汉白玉石座中，周围有四根戗木支撑。天灯顶部亭下安装有龙头、龙尾形状的灯托，用来悬挂彩灯；万寿灯顶部亭下有云龙挑头八个，用来悬挂灯联。

立天灯和万寿灯，曾是清代过年时的盛大活动之一，从立到撤，前后要使用八千多人力。道光二十年（1840 年），由于西方列强的入侵，以节俭著称的道光皇帝决定停止这项活动。此后，乾清宫丹陛上下就只剩下两对汉白玉灯座遗存。

2019 年，消失近两百年的天灯和万寿灯，被故宫博物院复原，前来参观的观众得以近距离感受昔日宫中过年的喜庆气氛。

故宫复原的万寿灯

喜庆的春联和威严的门神

　　贴春联、门神，是中国人过年的重要习俗。每年农历腊月二十六日，清宫都举行张挂春联、门神的活动，到了年后的二月初三日再统一撤下。

　　据道光十七年（1837年）的一份档案记载，当时宫内存有春联1377对、门神1421对。想想看，要把这么多门神、春联制作出来、挂上去，是多么繁重的一项任务哇！

　　要为皇宫制作春联，首先要根据每座宫殿的等级与形制，确定好春联的图样和尺寸，然后准备材料，再由擅长书法的翰林们书写文字。

天官赐福门神

与民间的春联相比，宫中的春联有哪些特点呢？

首先，它们都书写在绢面上，然后装裱在木框中，背面标注属于哪个宫、哪道门，只要不破损便可以重复使用，门神也是如此。所以，宫中的春联、门神都是挂上去的，而不是像民间那样用胶水贴上去。

其次，宫中有一种白色春联。宫中的春联除了红底之外，居然还有白底！因为满族先民在冬季捕猎时，通常都穿与雪同色的白衣，那样更容易捕获猎物，因此白色被他们认为是"幸运颜色"。另外，宫中的整体背景是红色——红墙、红柱、红门，如果再用红底春联，既不协调也不美观。为此，内务府会事先请旨，让皇帝决定张挂哪种颜色的春联和门神。

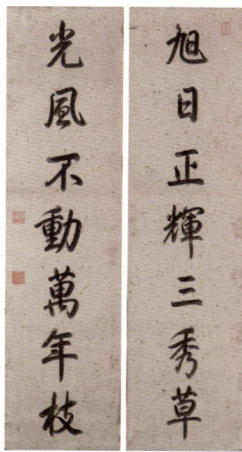

白色春联

红色春联

独特的皇家团圆饭

经过一系列的准备，到了除夕日便正式开始过大年了。这天，皇帝和后妃早早就要起床，分别到宫内外各处拈香礼佛，称为"接神"，意思是将各处神仙请来宫里过年。如果皇太后健在，皇帝要陪她一起进膳。然后，在保和殿举行筵宴，招待来朝的蒙古王公。下午在乾清宫举行家宴。皇帝平时都是一个人进膳，只有这时才能与后妃们聚集一堂，一起吃顿团圆饭。

皇帝的金龙大宴桌设在"正大光明"匾额下的宝座台上，坐北朝南；皇后也是独自一桌，摆在皇帝主桌的左前方；其他妃嫔则两人一桌，并按各自的封号等级，分左右两排摆放。桌上的餐具有严格的规定：皇帝用金龙盘碗、金勺、金筷子；皇后用里外全是黄色的云龙盘碗、金勺、金筷子；皇贵妃以下无金餐具，只能使用代表各自等级身份的"位份碗"。桌上的食物也有很大差别，皇帝和皇后一般是热菜、冷菜、

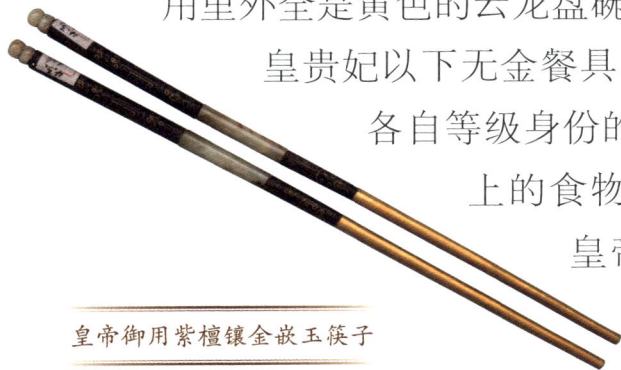

皇帝御用紫檀镶金嵌玉筷子

糕点、瓜果等共 109 品，其他人则只有 15 品。

皇帝入座后，开始表演助兴的承应宴戏。大家边看戏边进餐，先喝汤，再喝奶茶，接着是酒宴，最后喝果茶。席间，等级低的妃嫔要给等级高的行礼，大家又一起给皇帝行礼，总之这顿团圆饭吃得很不轻松，礼节多多，下拜频频。承应宴戏演完后，皇帝起身离席，后妃们也各自回宫。

这场团圆饭虽然名为家宴，但只有皇帝与后妃一同餐饮，其他皇子、皇孙等男性成员，则参加第二天即正月初一下午的宗室家宴。宴会分两场，男女分开吃，也是清宫家宴的一大特色。

《明宪宗元宵行乐图》中的杂技表演

放爆竹、守岁、吃饺子

紫禁城宫殿多为土木建筑，为了防止引发火灾，平时禁止燃放烟花爆竹，只有在过大年时可以破例。

除夕之夜，皇帝、后妃还要守岁，等待新的一年到来。这时，各宫都要摆放"吉祥盘"和"消夜果盒"。吉祥盘里摆放五个青苹果、红枣、栗子、磨盘柿子，谐音"清平五福、早早立子、事事如意"。消夜果是

乾隆帝岁朝行乐图

宫廷画家郎世宁、丁观鹏等绘制的《乾隆帝岁朝行乐图》，描绘的是乾隆帝携两位后妃及众皇子欢度除夕的情景：乾隆帝怀抱小皇子，手持小锤做击磬状，谐音便是"吉庆"；蹲在皇帝身旁的皇子，在火盆里烧着松柏枝，名为"煴（ǒu）岁"，据说可以驱邪避讳；一粉袍皇子打着鲤鱼灯，象征"年年有余"；一红袍皇子手捧一盆苹果，寓意"平平安安"；一绿袍皇子怀抱芝麻秸，正一一撒在地上踩踏，称为"踩岁"，取"芝麻开花节节高"之意；一蓝袍皇子则一边捂耳，一边小心翼翼地点放爆竹……

指糖果、蜜饯之类的甜食，这时却要在果盒中摆出许多花样。

饺子形似元宝，过年吃饺子有招财进宝的喜庆含义；除夕夜子时（23 时至次日 1 时）正值两年交替，这时吃饺子又有"岁更交子"之意。

你也许会问：皇帝的年夜水饺一定很丰盛吧？其实，这时的饺子既没有大鱼大肉，更没有山珍海味，包的都是素馅。馅料还以干菜为主。皇帝只吃三四个，表达自己对祖先创业艰难的铭记之心。

虽然馅料朴素，但皇帝吃饺子的礼仪却很是讲究。吃饺子的地点一般在乾清宫左侧的昭仁殿东小屋。当他登上乾清宫的台阶时，御膳房开始煮饺子，进屋落座后饺子恰好出锅。

乾隆皇帝吃饺子时，餐桌用的是"剔彩漆大吉宝案"

皇帝的元旦心愿

从汉朝开始，古人就把农历正月初一称作"元旦"，作为一年的开始。

清朝自雍正时期起，每位皇帝于元旦子时，都会郑重其事地在养心殿的东暖阁举行开笔仪式。所谓开笔，就是皇帝在新年、新月、新日、新时到来的时刻，亲自书写一些吉祥话。大致程序是：皇帝在桌案前亲手点燃"玉烛长调"烛台上的蜡烛，往"金瓯永固杯"中注入屠苏酒，从红漆雕云龙盘上拿起刻有"万年青管"字样的毛笔，先蘸朱墨在洒金笺上书写大字，再换墨笔书写小字。写完后，双手捧起金瓯永固杯，喝下杯中的屠苏酒。

书写的吉语字数不多，一般只有两三行，内容都是祈求五谷丰登、国泰民安、江山永固一类的话。这样的心愿与祈求，写完都密封起来，任何人不能拆看。乾隆、嘉庆等皇帝的御笔真迹，有很多一直保存到今天。例如，嘉庆元年（1796年）的开笔吉语共有三行：中间是朱笔大字"嘉庆元年元旦良辰宜入新年万事如意"；左右两边是墨笔小字，右边为"三阳启泰万象更新"，左边为"和气致祥丰年为瑞"。

酒醋房里酿美酒

　　酒醋房是宫中置办酒、醋、酱和各类酱菜的机构，它与大名鼎鼎的御茶膳房一样，也归内务府管理。

　　清代宫廷，酒的用量很大，用途很广。除日常饮用外，各种祭祀活动，以及大大小小的筵宴，哪种场合也不能缺少酒。酒的种类包括黄酒、奶酒（用牛、羊奶发酵酿造）、烧酒、米酒和各种保健酒。它们大都由酒醋房酿造，只有一小部分是从宫外购买或官员进贡的。

　　宫中的各种保健药酒也由酒醋房配制，如端午喝的雄黄酒、中秋喝的桂花酒、重阳喝的菊花酒和元旦喝的屠苏酒，等等。